NLP

FÜR ANFÄNGER

Nutzen Sie die Macht der Psychologie, Manipulationstechniken und Rhetorik zu Ihrem Vorteil und werden Sie mit der Kraft Ihres Unterbewusstseins zur besten Version Ihrer selbst

INHALT

Einleitung: NLP - Ein Werkzeug, das Verantwortung mit sich bringt

Wenn Sie nach einem Buch über NLP suchen, das sich für Einsteiger eignet, wird Ihnen eines sicherlich aufgefallen sein: Viele dieser Bücher werden mit der Prämisse „Lernen Sie Menschen zu manipulieren" vermarktet, möglicherweise ist dies sogar einer der Gründe, weshalb Sie sich für NLP interessieren.

Deshalb muss ich gleich zu Beginn dieses Buches auf die enorme Verantwortung hinweisen, die ein solches Werkzeug mit sich bringt, denn es ist wahr: Mithilfe bestimmter NLP-Techniken kann man Menschen manipulieren. Wirklich gute Verkäufer arbeiten unter anderem mit genau solchen NLP-Techniken, doch lassen diese sich nicht nur nutzen, um erfolgreicher zu verkaufen.

Wer NLP-Techniken beherrscht, kann Menschen in einem moralisch nicht mehr tragbaren Ausmaß manipulieren und damit wirklichen Schaden anrichten. NLP lässt sich in diesem Zusammenhang betrachten wie ein Werkzeug oder ein Messer, es lässt sich zum Guten einsetzen – zum Beispiel können Sie mit einem Messer Nahrung zubereiten – oder Sie können es einsetzen, um jemanden zu verletzen. Ursprünglich war NLP ausschließlich für positive Zwecke gedacht – die Entstehungsgeschichte werden wir uns noch näher anschauen – heute findet es Anwendung in allen möglichen Bereichen und es gibt leider auch viele schwarze Schafe, die diese Techniken zu ihrem eigenen Vorteil missbrauchen.

Wofür Sie NLP anwenden möchten, bleibt natürlich ausschließlich Ihnen selbst überlassen, ich will es mir aber nicht nehmen lassen, Ihnen die Verantwortung, die NLP mit sich bringt, so deutlich wie möglich vor

Augen zu führen. Die Techniken und Methoden, die ich in diesem Buch vorstellen werde, sind enorm wertvolle Tools für Ihre Persönlichkeitsentwicklung, durch die sich neue Perspektiven eröffnen und Sie zu einem enorm tiefen Verständnis Ihrer selbst und anderer führen können. Alte Traumata können geheilt, tiefsitzende Verhaltensmuster durchbrochen werden.

Sie können außerdem mithilfe dieser Tools lernen, effektiver zu kommunizieren und andere Menschen sowie ihre Motive in der Tiefe zu verstehen. Dadurch fällt Ihnen der Umgang mit anderen Menschen nicht nur leichter, sondern Sie werden auch weniger unter Missverständnissen leiden. Wenn Ihr Ziel somit die Nutzung von NLP zur Persönlichkeitsentwicklung ist, haben Sie mit diesem Ratgeber genau das richtige Buch gewählt.

Bevor Sie nun mit der Lektüre dieses Buchs beginnen, noch ein gut gemeinter Rat: Lesen Sie dieses Buch nicht, indem Sie sich zuerst die Techniken heraussuchen, die Sie am meisten interessieren. Die in diesem Buch enthaltenen Übungen sind in ihrer Reihenfolge so präsentiert, dass Sie aufeinander aufbauen. Das bedeutet, Sie brauchen das Knowhow der Übungen am Anfang, um die Übungen am Ende meistern zu können. Aus diesem Grund sollten Sie diese Lektüre von Anfang bis Ende lesen, ohne etwas zu überspringen. Und nun wünsche ich Ihnen viel Vergnügen und hoffentlich viele positive Erkenntnisse beim Lesen und Ausprobieren.

Grundlegendes zum Thema NLP

DIE GESCHICHTE DES NLP

In den 1960er Jahren entstand in den USA eine Bewegung, die *Human Potential Movement* genannt wurde. Diese ging davon aus, dass in jedem Menschen großes, ungenutztes Potential schlummert und dass die Entfaltung desselben nicht nur zu einer höheren Lebensqualität, sondern auch zu mehr Gelassenheit und emotionaler Stärke führt und somit ein erfüllteres Leben verspricht.

Gestützt wurde diese Grundannahme des *Human Potential Movement* durch Erkenntnisse der humanistischen Psychologie und baute besonders auf den Theorien des US-amerikanischen Psychologen Abraham Maslow auf.

Diesen Theorien zufolge ist das Streben nach Selbstentfaltung und einem sinnerfüllenden Leben in jedem Menschen von Grund auf angelegt, wird jedoch durch den zunehmenden gesellschaftlichen Druck in Richtung Anpassung gehemmt. Deshalb war es Ziel des *Human Potential Movement*, innerhalb der Gesellschaft ein Bewusstsein für die Stärkung und Entfaltung dieses Potentials zu wecken und darüber hinaus natürlich auch Wege aufzuzeigen, die dieses ermöglichen.

Innerhalb der *Human Potential Movement* Bewegung fanden sich dann in den 1970er Jahren ein Mathematikstudent (Richard Bandler), der später zum Psychologen wurde, und ein Linguist (John Grinder) zusammen, die ein besonderes, gemeinsames Interesse hatten: Sie wollten herausfinden, was die exakten Faktoren sind, die eine Psychotherapie erfolgreich machen, um diese im Rahmen der Bewegung an andere weitervermitteln zu können. Dabei gingen sie von der Annahme aus, dass die ausschlaggebenden Faktoren sich eher auf sprachlicher Ebene und im Verhalten der Therapeuten finden ließe als in der entsprechenden psychologischen Fachrichtung.

Die Erkenntnisse, die sie in den ersten Jahren aus der Analyse der Arbeitsweise dreier erfolgreicher Therapeuten unterschiedlicher Fachbereiche gewannen, fassten Sie in Form eines neuen Verfahrens der Kurzzeit-Psychotherapie zusammen. In späteren Jahren und mit zunehmender Popularität von NLP wurde dieses von den verschiedensten Menschen durch unterschiedliche Methoden, Sichtweisen und Modelle ergänzt.

NLP sollte ursprünglich also ein Werkzeug – oder eine Sammlung von Werkzeugen – sein, das zum Wohle aller Menschen eingesetzt werden sollte, mit dem Ziel, dem Mensch dabei zu helfen, die beste Version seiner Selbst zu entwickeln. Dabei vereinte es diverse psychotherapeutische Ansätze, wie die der Hypnotherapie, Familien- und Gestalttherapie, mit Techniken aus dem Coaching und dem Management.

Natürlich ist NLP auch heute noch überwiegend genau das und verfolgt dieselben Ziele, da es sich aber eben auch nutzen lässt, um eher egoistisch geprägte Ziele zu verfolgen, bekommt man besonders als Laie heutzutage leicht einen falschen Eindruck vermittelt: dass NLP ein Manipulationswerkzeug sei. Dies begründet sich auch auf der Tatsache, dass NLP von späteren Anhängern nur noch als Kommunikationsstilmittel verstanden wird, das zu einer Steigerung der Einflussnahme auf andere dient. Aus eben diesem Grund wird es auch in Verkaufstrainings eingesetzt.

NLP versteht sich selbst nicht als Wissenschaft oder Psychotherapie – auch wenn es aus beidem hervorgegangen ist – sondern als ein Modell des Lernverhaltens und der Kommunikation von Menschen, deshalb gehört es zu einer der am stärksten verbreiteten Techniken im Bereich des Verhaltenstrainings und des Kommunikationstrainings. Somit lernen heute weit mehr Verkäufer und Manager NLP-Techniken als Menschen aus dem psychologischen Bereich oder solche, die ausschließlich an einer Weiterentwicklung ihrer Persönlichkeit und damit Verbesserung ihrer Lebensqualität interessiert sind.

Deshalb möchte ich im Verlauf dieses Buches den Fokus genau darauf ausrichten: Wie Sie NLP für sich nutzen können, um Ihr bestmögliches Selbst zu entdecken und besser mit anderen Menschen zurecht zu kommen, ohne diese zu manipulieren. Dafür werden wir uns zunächst mit den Grundannahmen des NLP beschäftigen und dann Schritt für Schritt mit entsprechenden Übungen und Methoden darauf aufbauen, bis Sie Ihr neues Handwerkszeug sicher beherrschen.

WAS BEDEUTET NLP?

NLP ist eine Abkürzung und steht für *Neuro-Linguistisches Programmieren.* Schauen wir uns die einzelnen Begriffe näher an, gibt das bereits einen ersten Einblick in die Arbeits- und Wirkungsweise von NLP.

Der Begriff *Neuro* ist eine Ableitung des altgriechischen Wortes *Neuron* und bedeutet ins Deutsche übersetzt Nerv. Im NLP wird hier Bezug genommen auf das gesamte zentrale Nervensystem und das Gehirn, welche beide unter anderem aus unzähligen Neuronen (Nervenzellen) bestehen. Im NLP geht es dabei vor allem um die Wahrnehmung des Menschen – die durch seine Neuronen überhaupt erst möglich wird – und darum, wie unsere Wahrnehmung innerer und äußerer Reize unser Verhalten und damit unsere Persönlichkeit formt.

Linguistisch nimmt offensichtlich Bezug auf die *Linguistik,* also die *Sprachwissenschaft,* ohne deren Erkenntnisse NLP gar nicht existieren könnte. Wie bereits aus der Geschichte des NLP hervorgeht, ging es den Begründern dieser Methodensammlung vor allem um den Aspekt der Sprache und die Nutzbarmachung derselben als Werkzeug zur

Persönlichkeitsmodellierung. Dabei bezieht sich Sprache nicht allein auf die verbale – gesprochene – Sprache, sondern vor allem auch auf die Körpersprache. Diese nonverbale Form der Sprache läuft für die meisten Menschen vollkommen unbewusst ab, hat aber umso größeren Einfluss auf den Verlauf einer Konversation oder Begegnung als die verbale Ebene. Doch nicht nur die Kommunikation mit anderen ist eine der wichtigsten Grundlagen im NLP, sondern die Kommunikation mit sich selbst – durch Gedanken, Gefühle, Bewertungen, Handlungen und Entscheidungen – nimmt dabei einen ebenso großen Raum ein.

Der Begriff der *Programmierung* vervollständigt den Begriff des NLP um die eigentliche, man könnte auch sagen, zielführende Komponente. Kombiniert man das Wissen um die Funktionsweise unseres Gehirns und unserer Wahrnehmung mit bestimmten verbalen oder nonverbalen Methoden, ist es möglich, sich selbst oder andere „umzuprogrammieren", ähnlich wie man auf einem Computer alte Software löscht und neue installiert. Dass diese Interpretationsweise des NLP nicht so weit hergeholt ist, wie es Ihnen möglicherweise erscheinen mag, erkennen Sie daran, dass die Funktionsweise eines Computers der unseres Gehirns nachempfunden ist. Selbstverständlich ist das menschliche Gehirn um einiges komplexer als selbst die modernsten Computer, grundlegend funktionieren sie aber gleich und können somit auch gleich betrachtet und „bearbeitet" werden.

Zusammengefasst kann man aus der Begriffsbedeutung also schließen, dass NLP eine Sammlung von Methoden ist, die Ihnen vor allem dabei helfen können, ein tiefgehendes Verständnis dafür zu entwickeln, wie Sie durch Ihre Wahrnehmungen und Erfahrungen Ihre eigene Welt kreieren. Auf dieser Basis ist es überhaupt erst möglich, sich selbst wirklich zu verstehen und im zweiten Schritt auch andere. Durch dieses Verständnis und die Anwendung bestimmter NLP-Techniken können Sie dann beginnen, die Welt um sich herum zu verändern, indem Sie Ihre

Wahrnehmung derselben und Ihre Reaktionen darauf, gezielt verändern.

KONSTRUKTIVISMUS – DER GRUNDSTEIN DES NLP

Sämtliche Formate (Techniken) im NLP wurden auf der Basis einer konstruktivistischen Weltsicht entwickelt, doch was genau bedeutet das? Innerhalb des Konstruktivismus geht man davon aus, dass es keine objektiv erfahrbare Wirklichkeit gibt, da die Wahrnehmung und Bewertung der Welt durch und durch subjektive Prozesse sind.

Wie wir unsere Umwelt, die Dinge, Personen und Ereignisse darin wahrnehmen, hängt allein davon ab, welche Erfahrungen wir in der Vergangenheit gemacht haben und wie wir durch Erziehung geprägt wurden. Diese Prägung bestimmt auch darüber, was wir überhaupt wahrnehmen und erkennen können und was wir aus unserer Wahrnehmung ausblenden. Auch unsere Bewertung von Ereignissen oder die Interpretation der Bedeutung einer Aussage wird vor allem durch unsere bisherigen Erfahrungen geprägt.

So formt jeder Mensch ein ganz individuelles Bild der Welt in Verbindung mit individuellen Glaubenssätzen und dies wirkt sich auch auf die Gefühlswelt eines Menschen aus. Jemand, der in seinem Leben von Kindheit an keine Sicherheit und Liebe erfahren hat, wird die Welt als sehr gefährlichen Ort empfinden und Dinge wie Altruismus für vollkommen unmöglich halten. Das Gefühlsleben dieses Menschen wird dann entsprechend negativ geprägt sein.

Im Gegensatz dazu wird ein Mensch, der in einer liebevollen Umgebung aufwuchs und viel Unterstützung erfahren hat, an Dinge wie Menschlichkeit und Liebe glauben und die Welt als wundervollen Ort voller Möglichkeiten und Herausforderungen empfinden. Er wird über ein überwiegend positives Gefühlsleben verfügen. Natürlich sind das nur stark vereinfachte Beispiele, die aber ausreichend erklären können, dass Realität eben nicht statisch, sondern eine extrem individuelle Konstruktion ist.

Aus dieser Erkenntnis lässt sich aber auch ableiten, dass die Wirklichkeit, die ein Mensch erfährt, vollständig veränderbar ist, denn was einmal konstruiert wurde, kann auch wieder neu konstruiert werden. Genau darum geht es ursprünglich im NLP, Menschen zu der Erkenntnis zu führen, wie sie ihre eigene Realität konstruiert haben und ihnen dann Werkzeuge an die Hand zu geben, mit der sie eine optimalere Realität konstruieren können. Gleichzeitig nutzt NLP diese Erkenntnis auch zur Verbesserung der Kommunikation – indem jeder Mensch in seinen Ansichten und Empfindungen ernst genommen und da abgeholt wird, wo er steht.

Somit kann NLP Brücken bauen zwischen Menschen, die sich grundsätzlich voneinander unterscheiden und sogar über widersprüchliche Realitäten verfügen.

Wahrnehmung verstehen und verfeinern mit NLP

Wenn Sie erfolgreich mit NLP arbeiten möchten, ist es wichtig, bei den Grundlagen zu beginnen und diese befassen sich mit der Wahrnehmung des Menschen. Der Mensch verfügt über fünf Wahrnehmungskanäle: Den Visuellen (Sehsinn), Auditiven (Hörsinn), Kinästhetischen (Tastsinn), Olfaktorischen (Geruchssinn) und den Gustatorischen (Geschmackssinn). Diese fünf Kanäle werden im NLP abgekürzt mit VAKOG und die bewusste Nutzung und das Training dieser Kanäle bildet die Basis vieler NLP-Techniken.

Wichtig ist hierbei, dass NLP davon ausgeht, dass jeder Mensch nur einen oder maximal zwei dieser Kanäle tatsächlich zur bewussten Wahrnehmung benutzt, sozusagen also priorisierte Wahrnehmungskanäle hat. Sämtliche Eindrücke, die über die anderen Wahrnehmungskanäle empfangen werden, gelangen nicht in die bewusste Wahrnehmung, sondern werden vom Gehirn herausgefiltert.

Dass dies die größte und schwerwiegendste Ursache für Missverständnisse und Kommunikationsprobleme unter Menschen ist, liegt wohl auf der Hand. Genau deshalb ist es so wichtig, an dieser Stelle zu beginnen, wenn man seine Lernfähigkeiten und die Kommunikation mit seinen Mitmenschen auf eine neue Ebene anheben möchte.

Doch bleiben wir zunächst bei Ihrer Wahrnehmung, bevor wir uns mit Kommunikation beschäftigen. Für gelungene Kommunikation ist es unerlässlich, das Gegenüber so umfassend wie möglich einschätzen zu können, was umso besser gelingt, je mehr Wahrnehmungskanäle Sie dafür nutzen können. Genauso wichtig ist es, zu lernen, Wahrnehmung von Bewertung zu trennen, denn die Bewertung Ihrer Wahrnehmung prägt auch das Erleben Ihrer Realität und hat großen Einfluss auf Ihre

Emotionen. Dieser Punkt ist nicht nur für eine gelungene und effektive Kommunikation wichtig, sondern auch für spätere Techniken, die sich mit Ihrer eigenen Persönlichkeitsentwicklung und -bildung befassen.

Mit den folgenden Übungen trainieren Sie also eine möglichst ganzheitliche und bewertungsfreie Wahrnehmung. Bitte führen Sie die folgenden Übungen jedoch nicht alle zur selben Zeit aus, sondern konzentrieren sich immer nur auf eine, natürlich in der entsprechenden Reihenfolge. Erst wenn Sie eine Übung wirklich gemeistert haben, sollten Sie zur nächsten übergehen.

ÜBUNG 1: FINDEN SIE IHRE BEVORZUGTEN WAHRNEHMUNGSKANÄLE HERAUS!

Es gibt verschiedene Wege, wie Sie herausfinden können, mit welchen Sinnen Sie bevorzugt wahrnehmen, der einfachste Weg hierzu ist die Sprache. Denn Ihre persönliche Art der Wahrnehmung schlägt sich auch in Ihrer Sprache nieder!

So geben Menschen, die dem **visuellen Typ** angehören, häufig Aussagen wie die folgenden von sich:

- „Ich sehe da (k)ein Problem…"
- „Ich kann mir das (nicht/gut) vorstellen"
- „Das sehe ich (nicht) ein"
- „Der Sinn des Ganzen zeigt sich mir (nicht)"

Der **auditive Typ** neigt eher zu folgenden Aussagen:

- „Diese Idee klingt gut/schlecht"
- „Ich frage mich…"

- „Ich sage mir oft…“
- „Das ist Musik in meinen Ohren“

Der **kinästhetische Typ** bezieht sich nicht nur auf den Tastsinn, sondern auch auf Gefühle und Intuition, was zu Aussagen wie den folgenden führt:

- „Ich habe ein (un)gutes Gefühl bei der Sache“
- „Ich spüre da ein Problem“
- „Ich kann das nicht ganz greifen“
- „Mein Gefühl sagt mir…“
- „Mich schaudert bei dem Gedanken“
- „Mir wird kalt/heiß bei dem Gedanken“

Der **olfaktorische Typ** und der **gustatorische Typ** finden sich meist kombiniert, da diese beiden Sinne stark voneinander abhängen, was zu folgenden oder ähnlichen Aussagen führen kann:

- „Das stinkt mir gewaltig“
- „Das stinkt zum Himmel“
- „Das riecht nach Betrug“
- „Das rieche ich meilenweit gegen den Wind“
- „Allein von der Vorstellung wird mir schlecht“
- „Die Idee schmeckt mir gar nicht“

Um nun herauszufinden, welchem Typus Sie persönlich angehören, achten Sie einmal einen ganzen Tag verstärkt auf das, was Sie selbst in

Gesprächen von sich geben. Um die Übung zu intensivieren, empfiehlt es sich, ein längeres Gespräch mit einem Freund, Bekannten oder Verwandten aufzuzeichnen – dessen Einverständnis vorausgesetzt –, um eine anschließende Analyse Ihrer Ausdrucksweise durchführen zu können. Alternativ können Sie sich am Ende eines Tages hinsetzen und alles, was an diesem Tag geschehen ist, ausführlich aufschreiben.

Bringen Sie dabei besonders Ihre Gedanken und Gefühle zu Papier, die als Reaktionen auf das Erlebte aufgetreten sind. Achten Sie während des Schreibens nicht auf Ihre Ausdrucksweise, um das Ergebnis nicht zu verfälschen. Erst hinterher, beim Durchlesen dessen, was Sie zu Papier gebracht haben, sollten Sie genauestens unter die Lupe nehmen, welche Ausdrucksformen die Art Ihrer Wahrnehmung beschreiben.

Eine dritte Möglichkeit herauszufinden, welches Ihre bevorzugten Wahrnehmungskanäle sind, ist ein Spaziergang. Versinken Sie dabei nicht in Gedanken, sondern geben Sie sich Mühe, dabei so bewusst wie möglich die Welt um Sie herum zu betrachten. Sobald Sie wieder zu Hause sind, setzen Sie sich sofort hin und schreiben alles auf, was Ihnen an Eindrücken im Gedächtnis haften geblieben ist. Dies ist die wohl effektivste Möglichkeit, Ihren bevorzugten Wahrnehmungskanälen auf die Spur zu kommen!

ÜBUNG 2: TRAINIEREN SIE EINE GANZHEITLICHE WAHRNEHMUNG!

Diese Übung können Sie jederzeit und überall durchführen, ich empfehle aber, sie zeitlich zu begrenzen. Es hat gute Gründe, warum unser Gehirn sich auf wenige Wahrnehmungskanäle beschränkt und all das, was es für unwesentlich hält, herausfiltert: Würden Sie dauerhaft wirklich alles wahrnehmen, was es wahrzunehmen gibt, wären Sie bereits nach wenigen Minuten restlos überfordert. Deshalb beginnen Sie am besten mit einer Dauer von maximal fünf Minuten für diese Übung, die man auch als Achtsamkeitsübung bezeichnen könnte. Für den Anfang empfiehlt sich die Konzentration auf ein einziges, beliebiges Objekt unter Einbeziehung aller Sinne. Wie sieht es aus, welche Form und Farbe hat es, ist die Oberfläche glatt oder rau, reflektiert oder absorbiert sie das Licht, hat das Objekt einen Geruch oder Geschmack, gibt es Töne/Geräusche von sich?

Trennen Sie hierbei unbedingt Ihre Wahrnehmung von der Bewertung, es geht bei dieser Übung ausschließlich um die Wahrnehmung und die Fähigkeit, wahrzunehmen, ohne zu bewerten. Diese ist essenziell für eine gelungene Kommunikation, sowohl mit anderen als auch mit Ihnen selbst!

Wiederholen Sie diese Achtsamkeitsübung mehrmals täglich, immer dann, wenn Sie eine Pause vom Alltag einlegen und einige Minuten Zeit haben, von Ihren Gedanken abzuschalten. Gewöhnen Sie sich an, dies wirklich täglich zu tun, um Ihr Gehirn auf diese Art zu trainieren. So bringen Sie sich selbst bei, Ihre Wahrnehmung immer wieder zu verfeinern, und können mit der Zeit auch die Dauer der Übung verlängern, genauso wie den Fokus derselben. So könnten Sie, sobald Sie geübt sind, beginnen, diese Übung einmal in Gesprächen mit Menschen zu machen.

Achten Sie dann, anders als sonst, nicht nur auf den Inhalt des Gesagten, sondern auch auf die Tonfärbung und Sprechweise Ihres Gegenübers, die Körpersprache und -haltung, Gesten und Mimik, die Kleidung, Frisur, eventuelles Makeup. Versuchen Sie jedes noch so kleine Detail in sich aufzunehmen und hinterher, in Gedanken noch einmal zusammen zu fassen.

Auch auf Spaziergängen oder beim Einkaufen können Sie diese gesteigerte Form der Wahrnehmung trainieren, indem Sie einmal bewusst auf all das achten, was sonst an Ihnen vorüber geht. Welche Farbe haben die Autos, die vor Ihrem Haus parken, sind sie sauber oder schmutzig, was für Baumarten stehen auf ihrem Weg zur Arbeit, vor ihrem Haus, können Sie irgendwelche Tiere um sich herum entdecken, was für welche? Sie werden erstaunt sein, wieviel Ihrer Aufmerksamkeit tagtäglich entgeht und das nur, weil Sie – oder vielmehr Ihr Gehirn – die meisten dieser Dinge nicht als wichtig genug einstuft. Und da stoßen wir wieder auf den Sinn von NLP: Das Gehirn neu zu programmieren!

Bisher lief in Ihnen ein bestimmtes Wahrnehmungsprogramm ab, das man auch als „Konzentration auf das Wesentliche inklusive Bewertung“ bezeichnen könnte. Mit dieser Art der Wahrnehmungsübung entwickeln Sie mit der Zeit ein neues Programm: „Wahrnehmung so vieler Details wie möglich ohne Bewertung“. Dieses neue Programm verschafft Ihnen einen erheblichen Vorteil in sämtlichen Lebensbereichen.

ÜBUNG 3: TRAINIEREN SIE IHRE INNERE WAHRNEHMUNG!

Die innere Wahrnehmung lässt sich als die Fähigkeit beschreiben, Wahrnehmungen ohne äußeren Reiz erneut in Ihrem Innern wachzurufen, es handelt sich also um eine Mischung aus Erinnerungsfähigkeit und der Fähigkeit zur möglichst realistischen Vorstellung bestimmter Sinnesreize. Diese Fähigkeit wird später noch besonders wichtig, wenn es darum geht, Ihre Persönlichkeit neu und vor allem konstruktiver zu formen.

Vielen Menschen fällt diese Übung besonders schwer, da sie einfach nicht zum normalen Repertoire der Fähigkeiten gehört, die wir im Alltag benötigen, somit wird sie auch von den wenigsten Menschen bewusst trainiert. Sie benötigen für diese Übung also vor allem eines: Geduld. Lassen Sie sich nicht entmutigen, wenn Ihre Versuche wenig bis gar keinen Erfolg zeigen, wie bei allem macht auch hier die Übung den Meister! Auch diese Übung sollten Sie mit allen fünf Sinnen durchführen, solange bis Sie für jeden Sinn eine mindestens 50%-ig akkurate Leistung erreichen. Dabei wird Ihnen dies mit bestimmten Sinnen, die nicht zwangsläufig zu Ihren bevorzugten Wahrnehmungskanälen gehören müssen, weit leichter fallen als mit anderen, dazu gehören vor allem der Hör- und der Tastsinn. Warum dies so ist, erkläre ich bei den jeweiligen Übungen.

Übung für innere, visuelle Wahrnehmung, auch Visualisierung:

Beginnen Sie mit einfachen Objekten, einem Stift, einem Apfel, einem Buch oder etwas Ähnlichem. Legen Sie sich das Objekt in Sichthöhe direkt vor die Augen und betrachten Sie es eingehend aus allen möglichen Perspektiven. Prägen Sie sich seine Eigenschaften dabei so genau wie möglich ein. Nehmen Sie sich dafür so viel Zeit wie nötig. Wenn Sie das Gefühl haben, sämtliche Eigenschaften des Objekts wahrgenommen und gespeichert zu haben, schließen Sie Ihre Augen und versuchen Sie, es vor Ihrem geistigen Auge zu sehen.

Für den Anfang ist es schon ein gutes Ergebnis, wenn es Ihnen gelingt, es unscharf aus zumindest einer Perspektive sehen zu können. Möglicherweise gelingt Ihnen auch nur die grobe Form und Farbe, in vielen Fällen können Ihre ersten Versuche auch zu keinerlei Ergebnis führen und Sie sehen nur Schwärze, so sehr Sie sich auch anstrengen. Dies ist vollkommen normal, je nachdem ob Sie ein Mensch sind, der viel mit visuellen Vorstellungen arbeitet oder eher gar nicht, kann diese Übung ein Kinderspiel sein oder Sie zur Verzweiflung bringen. Bleiben Sie jedoch am Ball, wird Ihre Visualisierungsfähigkeit mit der Zeit besser werden.

Wenn Sie so weit sind, ein einfaches Objekt aus sämtlichen Perspektiven und mit allen Details vor Ihrem geistigen Auge entstehen zu lassen, können Sie zu komplexeren Objekten oder sogar Landschaften übergehen. Sie können Ihre Visualisierungsfähigkeit endlos verbessern und sollten diese solide ausgebaut haben, bevor Sie zu den Übungen für die anderen Sinne übergehen, denn am Ende ist die Aufgabe, alle Sinne auf einmal auf diese Art nutzen zu können.

Übung für innere, auditive Wahrnehmung:

Die Funktionsweise unseres Gehirns ist der Grund dafür, dass Sie mit bestimmten Tricks Ihre innere, auditive Wahrnehmung ganz leicht trainieren und verbessern können. Das menschliche Gehirn verfügt nämlich über eine Eigenschaft, die als „Gehirnfolgereaktion" bekannt ist. Diese Eigenschaft sorgt dafür, dass das Gehirn Frequenzen, die von außen eindringen, in seinen eigenen Wellenmustern nachahmt, bzw. diese an die äußeren Frequenzen anpasst.

Frequenzen nehmen wir vor allem durch Töne wahr, zumindest die Hörbaren. Menschen, die in Fabriken oder an anderen Orten arbeiten, an denen es sehr laut zugeht, kennen dieses Phänomen mit Sicherheit. Wer acht Stunden lang einem bestimmten Rhythmus und Geräusch einer Maschine ausgeliefert ist, hört diese auch noch eine ganze Weile weiter, nachdem er sich schon von der Geräuschquelle entfernt hat. Das liegt an der Gehirnfolgereaktion, das Gehirn hat seine Wellen der Frequenz der Geräuschquelle angepasst und fährt diese noch eine Zeitlang weiter. Ähnliches geschieht auch, wenn Sie sich ein bestimmtes Lied über einen langen Zeitraum in Dauerschleife anhören.

Stoppen Sie die Musik irgendwann, können Sie das Lied trotzdem noch einige Minuten hören, fast so, als würde es tatsächlich noch im Außen ablaufen. Auch die Technik der Binauralen und Isochronen Töne macht sich diese Gehirnfolgereaktion zu Nutze, um das Gehirn gezielt in bestimmte Frequenzzustände zu versetzen.

Wenn Sie nun also Ihre innere, auditive Wahrnehmung trainieren möchten, verschafft Ihnen dieses Wissen einen hervorragenden Trainingsvorteil! Am besten eignen sich für den Beginn monotone, rhythmische Geräusche, wie die Geräusche von diversen Maschinen oder

Geräten. Wer von Ihnen ein Aquarium hat, könnte sich zum Beispiel einmal bewusst auf das Geräusch des Aquariumfilters konzentrieren und währenddessen alle anderen Geräusche so gut wie möglich abstellen, bzw. ausblenden. Aber auch eine tickende Uhr, ein laufender Fahrzeugmotor im Leerlauf, das Geräusch von laufendem Wasser oder eine kurze (!) Schlagzeugsequenz sind hervorragend geeignet für Ihre ersten Trainingsversuche.

Lauschen Sie dem Geräusch Ihrer Wahl für einige Minuten mit geschlossenen Augen und konzentrieren sich dabei ausschließlich darauf. Stellen Sie das Geräusch dann ab oder begeben sich an einen möglichst stillen Ort, falls dies nicht möglich ist. Nun schließen Sie wieder Ihre Augen und versuchen, das Geräusch so gut wie möglich in Ihrem Innern zu hören. Sie werden feststellen, dass dies um einiges einfacher ist, als die Versuche mit dem visuellen Sinn und dass sich dementsprechend auch die Erfolge schneller einstellen.

Wenn Sie so weit sind, dass Sie einfache Geräusche oder Tonabfolgen gemeistert haben und diese auch dann im Innen hören können, wenn Sie diesen nicht direkt vorher gelauscht haben, können Sie die Übung auch hier wieder vertiefen. Gehen Sie zu ganzen Liedern, dem Gesang von Vögeln oder sogar Gesprächsinhalten über. Bei letzterem geht es natürlich nicht allein darum, den exakten Wortlaut von Sätzen zu erinnern, sondern vor allem den Klang! Als abschließende Disziplin versuchen Sie einmal, eine beliebige Szene aus Ihrem Tagesablauf vollständig auditiv zu erinnern.

Übung für innere, kinästhetische Wahrnehmung:

Der Grund dafür, dass das Training der inneren, kinästhetischen Wahrnehmung leichter fällt als das der anderen Sinne, findet sich in der Tatsache, dass wir über diesen Sinn dauerhaft die meisten Reize aufnehmen. Unser Gehirn ist lediglich darauf trainiert, diese Wahrnehmung herauszufiltern, solange sie nicht relevant ist. So spüren Sie zum Beispiel nicht dauerhaft den Stoff Ihrer Kleidung auf der Haut, oder den Widerstand der Luft an Ihrem Körper beim Gehen.

Dafür ist es aber relativ einfach, sich durch eine einfache Entscheidung auf diese Form der Wahrnehmung zu fokussieren. Dies sollte auch Ihr erster Schritt innerhalb dieser Übung sein: Konzentrieren Sie sich für eine volle Minute auf das Gefühl eines Schmuckstücks, einer Armbanduhr oder eines bestimmten Kleidungsstücks auf Ihrem Körper. Prägen Sie sich genau ein, wie sich diese Berührung anfühlt.

Anschließend legen Sie das Schmuckstück oder Kleidungsstück ab, was zu einer veränderten Sinneswahrnehmung führt. Überdecken Sie diese neue Wahrnehmung nun durch die alte, schließen Sie Ihre Augen und „tun Sie einfach so", als würden Sie das Schmuck- oder Kleidungsstück noch tragen. Sie werden die entsprechenden Sinnesreize sehr leicht wieder spüren können, denn je länger ein Berührungsreiz andauert, umso tiefer prägt sich dieses Gefühl ein und umso leichter lässt es sich auch in seiner Abwesenheit wieder hervorrufen.

Wenn Sie diese Übung sicher beherrschen, erhöhen Sie den Schwierigkeitsgrad, zum Beispiel mit dem Gefühl von Wind oder direkter Sonne auf Ihrer Haut, sowie der Berührung durch eine andere Person oder ein Haustier. Abschließend üben Sie sich im Spüren von beliebigen Objekten. Nehmen Sie sich einen Apfel oder ähnliches, schließen Sie ihre Augen und erfassen diesen vollständig mit Ihrem Tastsinn. Danach legen Sie das Objekt weg und rufen die entsprechenden Sinnesreize in Ihrem Inneren wach.

Übung für innere, olfaktorische Wahrnehmung:

Für das Training Ihres inneren Geruchssinns eignen sich zu Beginn natürlich besonders starke Gerüche, dabei sind unangenehme Gerüche sogar noch besser geeignet als angenehme.

Dies liegt daran, dass unangenehme Reize von unserem Gehirn als wichtiger eingestuft werden, da sie oftmals potenzielle Gefahrenquellen darstellen könnten.

Der Geruch von Fäkalien „warnt" beispielsweise vor einer möglichen Infektionsgefahr, der Geruch von starkem Rauch könnte Lebensgefahr bedeuten, usw. Wählen sie also zu Beginn einen besonders starken, aber eher unangenehmen Geruch, zum Beispiel Riechsalz, verdorbene Milch, Essig, Aceton oder ähnliches.

Setzen Sie sich diesen Gerüchen (vor allem, wenn Sie wie Aceton ein Gesundheitsrisiko darstellen) jedoch bitte nicht lange aus. Die Intensität des Geruchs allein sorgt dafür, dass der Reiz sehr schnell im Gehirn abgespeichert und somit leichter abrufbar wird. Schließen Sie auch bei dieser Übung wieder die Augen, sowohl während Sie den Geruch von außen wahrnehmen als auch bei Ihrem Versuch, diesen Geruch ohne äußeren Reiz im Innern wiederherzustellen.

Wenn Sie diese Übung mit sehr starken und unangenehmen Duftreizen beherrschen, können sie mit angenehmen und eher dezenten Gerüchen fortfahren. Auch wenn es paradox scheint, je angenehmer und dezenter ein Geruch ist, desto schwieriger ist es, ihn ohne äußeren Reiz im Innern erfahrbar zu machen. Dies liegt eben daran, dass das Gehirn keinen besonderen Anreiz sieht, Geruchsreize, die keine potenzielle Bedrohung darstellen, detailliert abzuspeichern.

Achten Sie bei dieser Übung darauf, dass Sie sowohl bei den unangenehmen als auch den angenehmen Gerüchen jeweils mit einfachen Gerüchen beginnen und keine komplexen Düfte verwenden, die über mehrere Facetten verfügen. Erweitern Sie diese Übung besser Stück für Stück um Düfte mit immer mehr Facetten. Es hat sich außerdem besonders zu Beginn als hilfreich erwiesen, wenn Sie die Gerüche in Gedanken beschreiben, während Sie versuchen, diese im Innern wachzurufen. Zum Beispiel: „Es riecht süßlich, stechend, scharf, etc."

Übung für innere, gustatorische Wahrnehmung:

Das Training der inneren, gustatorischen Wahrnehmung ist mit Sicherheit eine der angenehmsten Übungen im Bereich Wahrnehmungstraining. Entgegen dem Geruchssinn empfehle ich hier, nur mit Geschmäckern zu trainieren, die Sie als angenehm empfinden, auch wenn hier das Gleiche gilt wie beim Geruchssinn und das Gehirn sich unangenehme Geschmacksempfindungen stärker einprägt als angenehme, aus den gleichen Gründen. Da Sie sich jedoch nicht selbst quälen sollten, wenn Sie versuchen, eine neue Fähigkeit zu erlernen, bleiben Sie besser bei Dingen, die Ihnen wirklich gut schmecken.

Beginnen Sie auch hier wieder mit einfachen Geschmacksreizen, die nicht zu viele unterschiedliche Facetten aufweisen, zum Beispiel Zucker, Salz, etwas Bitteres oder Scharfes (wenn Sie dies mögen).

Schließen Sie beim bewussten Schmecken wieder die Augen, trinken Sie hinterher einen Schluck Wasser, um den Geschmack zu neutralisieren, und versuchen Sie direkt im Anschluss, den Geschmack mit geschlossenen Augen wieder herbeizuführen.

Gelingt ihnen dies mit einfachen Basisgeschmacksrichtungen, können Sie sich an komplexere Geschmacksreize heranwagen: Früchte, Tees, und zum Schluss sogar ganze Mahlzeiten. Üben Sie solange, bis Sie in der Lage sind, diese Geschmacksreize in möglichst vielen Facetten nachzuempfinden.

DIE ABSCHLUSSÜBUNG – WERDEN SIE ZUM MEISTER IHRER WAHRNEHMUNG!

In Zuge dieser Übung werden Sie lernen, Ihre Wahrnehmung auf alle Ihnen zur Verfügung stehenden Sinne zu erweitern und dies nicht nur bezogen auf die Wahrnehmung der äußeren Welt, sondern auch auf Ihre innere Wahrnehmung. Somit handelt es sich hier um zwei Übungen in einer. Damit Sie sich nicht überfordern, beginnen wir in kleinen Schritten und mit relativ kurzen Übungssequenzen. Für den Anfang genügen fünf Minuten in einer relativ reizarmen Umgebung – zum Beispiel Ihr Wohnzimmer –, die Ihnen jedoch wie eine Höchstleistung vorkommen werden. Sie benötigen für diese erste Übung auf jeden Fall auch etwas, um Ihren Geschmackssinn anzusprechen, also einen Snack oder ein Getränk. Sorgen Sie dafür, dass Sie während dieser Übung nicht gestört werden. Am einfachsten ist folgende Vorgehensweise:

Setzen Sie sich mit einem Getränk hin. Konzentrieren Sie sich nun darauf, soviel wie möglich von Ihrer Umgebung wahrzunehmen, und gehen dabei nacheinander sämtliche Sinne durch. Beginnen Sie damit, sich umzusehen und so viele Details wie möglich mit Ihren Augen zu erfassen. Was sehen Sie, welche Form und Farbe haben die Gegenstände um Sie herum, wie sind sie angeordnet, gibt es Muster – zum Beispiel auf der Tapete, auf Vorhängen, Decken oder Kissen –, wie sehen diese Muster aus?

Prägen Sie sich so viele Einzelheiten wie möglich ein. Konzentrieren Sie sich nun auf das, was Sie hören können, welche Geräusche nehmen Sie in Ihrer Umgebung wahr? Gibt es eine tickende Uhr, läuft irgendwo Musik oder hört man Gespräche aus benachbarten Räumen, Lärm von der Straße vor dem Fenster, singende Vögel von draußen, das Brummen des Kühlschranks in der Küche, etc.? Konzentrieren Sie sich auf sämtliche hörbaren Geräusche, erfassen Sie diese und prägen Sie sich so gut wie möglich ein.

Nun ist der Tastsinn an der Reihe, verlagern Sie ihren Fokus auf das, was Sie fühlen können. Dabei achten Sie zunächst nur auf körperliche Gefühle, zum Beispiel, wie fühlt sich die Unterlage an, auf der Sie sitzen, ist sie weich oder hart? Spüren Sie den Kontakt von Ihrem Gesäß zur Sitzunterlage, sowie den Kontakt Ihrer Füße zum Boden. Fühlen Sie bewusst die Kleidung auf Ihrer Haut. Fühlen Sie dann in Ihren Körper hinein und gehen sämtliche Körperpartien einmal durch, von unten nach oben. Sind Ihre Füße, Beine, Rumpf, etc., locker oder angespannt, spüren Sie vielleicht irgendwo Schmerzen?

Zuletzt konzentrieren Sie sich noch auf Ihre aktuellen Emotionen, fühlen Sie sich ruhig, angespannt, wütend, traurig, gut oder schlecht gelaunt? Blicken Sie so tief wie möglich in sich hinein und prägen sich alles ein, was Sie in sich wahrnehmen.

Als nächstes verlagern Sie Ihre Konzentration auf Ihren Geruchssinn, welche Gerüche nehmen Sie wahr? Wenn Sie sämtliche Gerüche Ihrer Umgebung aufgenommen haben, können Sie nach Ihrem Getränk greifen und auch dessen Geruch in sich aufnehmen und ihn sich einprägen. Danach können Sie direkt zu Ihrem Geschmackssinn übergehen und das Getränk langsam und bewusst konsumieren.

Achten Sie dabei nicht nur auf den Geschmack allein. Analysieren Sie den Geschmack so genau wie möglich, aber nehmen Sie auch wahr, wie sich das Getränk in Ihrem Mund anfühlt, ist es kalt oder warm, spritzig oder eher sanft und weich, vielleicht auch scharf? Spüren Sie beim Schlucken den Weg des Getränks in Ihren Magen nach. Nehmen Sie so viel wie möglich wahr und prägen es sich ein.

Damit sind Sie aber noch lange nicht am Ende der Übung, denn wenn Sie damit fertig sind, all Ihre Sinne zu trainieren, nehmen Sie sich einen Zettel und einen Stift und beginnen, alles aufzuschreiben, was Sie wahrgenommen haben. Unterteilen Sie das, was Sie aufschreiben, dabei wieder in die einzelnen Sinneswahrnehmungen, und schreiben Sie in Stichwörtern sämtliche Eindrücke nieder, an die Sie sich noch erinnern können.

Indem Sie sich selbst auf diese Art überprüfen, vermitteln Sie Ihrem Gehirn eine besondere Wichtigkeit dieser detaillierten und umfassenden Art der Wahrnehmung. Machen Sie im Anschluss daran fünf Minuten

Pause, innerhalb derer Sie sich mit etwas vollkommen anderem beschäftigen, um sich dann an den letzten Teil dieser Übung zu setzen. Schließen Sie dafür Ihre Augen und gehen Sie die Eindrücke, die Sie während Übung gemacht haben, noch einmal durch. Ziel ist es, diese fünf Minuten so lebendig und realistisch wie möglich in Ihrem Innern nachzuerleben, sämtliche Eindrücke ohne den entsprechenden äußeren Reiz im Inneren entstehen zu lassen.

Wie Sie sehen, ist dies eine sehr anspruchsvolle Übung, die Sie niemals zu 100% meistern werden, doch ist dies auch gar nicht der Sinn der Sache. Betrachten Sie es als Training, um Ihrem Gehirn beizubringen, dauerhaft eine erweiterte Wahrnehmung beizubehalten.

Wenn Sie diese Übung in einer reizarmen Umgebung gut beherrschen, steht es Ihnen frei, diese Übung nicht nur zeitlich auszudehnen, sondern auch in eine Umgebung zu verlegen, die reicher an Sinneseindrücken ist. Dafür eignet sich zum Beispiel ein Spaziergang, der Weg zur Arbeit, der Einkauf im Supermarkt, eine Autofahrt als Beifahrer, ein Gespräch.

Im Grunde sollten Sie niemals vollständig mit dieser Art von Wahrnehmungstraining aufhören, sondern es besser zu einem festen Alltagsbestandteil machen, denn Wahrnehmung gehört zu den Dingen, die sich beinahe endlos steigern lassen. Machen Sie sich noch einmal bewusst, wie Sie von einer gesteigerten Wahrnehmung profitieren werden:

Ihre Fähigkeit, Menschen und Situationen schnell und richtig einzuschätzen, steigt, es wird Ihnen zunehmend leichter fallen, andere Menschen besser zu verstehen, die Effizienz Ihrer Kommunikation wird sich erheblich verbessern und das Ausmaß Ihrer Wahrnehmungsfähigkeit bestimmt außerdem darüber, wie erfolgreich und effektiv Sie die späteren NLP-Techniken zur Persönlichkeitsentwicklung umsetzen können! Doch möchte ich zum Abschluss dieses Kapitels noch einmal kurz darauf eingehen, warum eine gesteigerte Wahrnehmungsfähigkeit auch Ihre

Kommunikationsfähigkeit verbessert. Menschen kommunizieren nämlich nicht ausschließlich mit Worten, sondern zu einem viel größeren Teil mit Mimik, Gestik und Betonung. Beachten Sie deshalb auch die anderen Signale Ihres Gegenübers, die über die anderen Sinneskanäle wahrnehmbar sind. Auf diese Art erfahren Sie weit mehr, als der Mensch mit Worten ausdrücken kann, bzw. sind Sie in der Lage, auch Informationen aufzunehmen, die Ihr Gegenüber nicht ausspricht.

So verraten Ihnen die Tonlage und Sprechgeschwindigkeit einiges über die Gefühle des Sprechers und die Körperhaltung zeigt Ihnen eine ablehnende oder offene Einstellung des Sprechers zu dem Thema, über das gesprochen wird. All dies sind wichtige Informationen und Botschaften, die Ihnen entgingen, würden Sie sich innerhalb eines Gesprächs lediglich auf Ihren auditiven Wahrnehmungskanal fokussieren.

Verbessern Sie Ihre Kommunikationsfähigkeiten mit NLP

DAS META-MODELL – MEHR ALS EIN KOMMUNIKATIONSTOOL

Sprache ist mächtig, sie dient uns nicht nur zur Kommunikation, sondern bildet auch die Grundlage unserer Gedanken und hat somit maßgeblichen Einfluss darauf, wie wir die Welt wahrnehmen und bewerten. Aus diesem Grund können Sie, indem Sie das Meta-Modell verstehen und anwenden lernen, nicht nur besser kommunizieren und Missverständnisse, die oft unbemerkt bleiben und zu Konflikten führen, vermeiden.

Sie können mit Hilfe dieses Sprachmodells auch lernen, zu erkennen, wenn Ihr eigenes Weltbild oder das anderer Menschen von ungünstigen oder sogar hemmenden Faktoren geprägt ist und diese verändern. Grundsätzlich führt die Anwendung des Meta-Modells zu einem tieferen Verständnis Ihrer Selbst und anderer Menschen und bietet somit ein enormes Potential zur positiven Entwicklung und Veränderung.

Doch klären wir zunächst einmal, warum unsere Kommunikation so häufig von Missverständnissen geprägt ist und weshalb diese oftmals nicht einmal auffallen.

Vera F. Birkenbihl, eine deutsche Managementtrainerin und Autorin, prägte einst die Aussage: „Jeder Mensch ist eine Insel!“ Diese Aussage erklärt sich wie folgt: Jeder Mensch lebt in seiner eigenen, kleinen Welt. Diese wurde geformt durch die Erfahrungen, die der Mensch gemacht hat, und die Bewertungen, mit denen er diese Erfahrungen verarbeitet hat. Aus diesem Grund sprechen wir alle im Grunde verschiedene Sprachen, auch wenn dies nicht den Anschein hat, und die Unterschiede zwischen den einzelnen „Inseln" können sehr gering oder eben gigantisch sein. Dies kann schon bei simplen Worten beginnen, wenn ein Mensch eine positive Assoziation zu einem Begriff hat, der andere aber eine negative. Ein gutes Beispiel hierfür wäre das Wort Disziplin.

Die Bedeutung dieses Wortes ist Selbstbeherrschung oder Selbstkontrolle, was zunächst einmal völlig neutral zu bewerten ist. Je nachdem aber, wie ein Mensch mit diesem Wort im Laufe seines Lebens in Berührung kam, kann er dieser neutralen Bedeutung eine negative oder positive Bewertung hinzugefügt haben. Geht es in einem Gespräch zwischen zwei Menschen nun um Disziplin und beide verfügen über eine gegensätzliche Bewertung dieses Wortes, ist das Scheitern dieses Gesprächs im Grunde vorprogrammiert.

So wie mit der Disziplin kann es mit so gut wie allen Begrifflichkeiten unserer Sprache geschehen, was für sich allein schon für großes Konfliktpotential sorgt, doch damit nicht genug, denn Sprache birgt noch weit mehr Probleme, die zu Missverständnissen führen können.

So gibt es drei grundsätzliche Probleme in der Kommunikation zwischen Menschen, die durch das Meta-Modell der Sprache aufgedeckt und entzerrt werden können. Dabei werden diese drei Grundprobleme als Meta-Modell-Verletzungen bezeichnet. Um welche Probleme es sich dabei im Detail handelt, wie man diese erkennt und auflösen kann, schauen wir uns später noch näher an, zunächst einmal möchte ich jedoch erklären, wie das Meta-Modell Prozesse der Kommunikation beschreibt.

Die gesammelten Erfahrungen und Erlebnisse eines Menschen, die in seinem Bewusstsein und Unterbewusstsein gespeichert sind, werden vom Meta-Modell als *Tiefenstruktur* bezeichnet. Man kann diese als eine Art innere „Landkarte" bezeichnen, auf deren Basis ein Mensch auswählt, welche Informationen relevant sind für das, was er zum Ausdruck bringen möchte. Die Informationen, die ausgewählt werden, ergeben dann die sogenannte *Oberflächenstruktur*, die das bezeichnet, was sprachlich – verbal und nonverbal, also durch Sprache und Körpersprache – zum Ausdruck gebracht wird und sich mehr oder weniger stark von der Tiefenstruktur unterscheidet. Bei der Auswahl der relevanten Inhalte kann ein Mensch nur auf seine eigenen Erfahrungen und Bewertungen zurückgreifen, zum Beispiel auf Dinge, die er für selbstverständlich hält, oder Dinge, die für diesen Menschen feststehende Tatsachen sind. Dabei ist er sich nicht bewusst, dass diese nicht automatisch für jeden anderen Menschen gelten müssen.

Grundsätzlich macht eine solche „Filterung" dessen, was wir zum Ausdruck bringen wollen, durchaus Sinn, denn nicht jedes Detail einer Angelegenheit ist relevant für das Ergebnis, um das es uns geht. Werden Sie zum Beispiel gefragt, wie es Ihnen geht, antworten Sie vermutlich entweder mit „Es geht mir gut" oder mit „Es geht mir nicht gut", statt ausführlich zu erzählen, wie es zu Ihrer Befindlichkeit gekommen ist. Sie tun dies, weil Sie davon ausgehen, dass es den Fragesteller nicht interessiert, wie Ihr aktuelles Befinden zustande gekommen ist, dass es zu lange dauern würde, dies zu erklären, oder weil es Ihnen einfach bequemer erscheint, kurz und präzise zu antworten.

Darüber hinaus ist es wichtig zu verstehen, dass schon unsere Wahrnehmung nach diesem Prinzip funktioniert, denn würden wir in jedem Augenblick all das ungefiltert wahrnehmen, was die Umwelt an Reizen und Informationen bereithält, wären wir restlos überfordert. Aus diesem Grund trifft unser Gehirn Entscheidungen darüber, welche Informationen für uns wichtig sind und welche nicht und filtert so unsere Wahrnehmungen.

Dies tut es auf Grundlage der bisher gemachten Erfahrungen und auch aus den daraus resultierenden Glaubenssätzen. Somit ist es nur logisch, dass sich der umgekehrte Prozess, also die Wiedergabe von

Erfahrungen durch Kommunikation, genauso verhält; dies liegt einfach in der Natur des Menschen. Probleme entstehen erst dadurch, dass die vermeintliche Relevanz bestimmter Details einer vollkommen subjektiven Bewertung unterliegt. Doch auf diese Art entstehen nicht nur Probleme im zwischenmenschlichen Bereich der Kommunikation, sondern häufig führt diese Filterung auch dazu, dass wir uns selbst Beschränkungen auferlegen, die weder realistisch sind noch notwendig wären. Dies geschieht durch drei bestimmte Prozesse, die im Meta-Modell als Meta-Modell-Verletzungen bezeichnet werden und als *Tilgung*, *Generalisierung* und *Verzerrung* bekannt sind.

Die Tilgung

Die Tilgung drückt sich durch ein Weglassen von Informationen aus, ob diese wichtig sind oder nicht, liegt jedoch allein im Auge des Betrachters. Menschen tendieren dazu, bestimmte Informationen entweder als unwichtig für den Empfänger – also den Zuhörer – einzustufen oder diese als gegeben vorauszusetzen.

Dabei ist es gleichgültig, was der Grund für das Weglassen bestimmter Informationen ist, diese fehlen dem Zuhörer und könnten für diesen durchaus relevant sein! Sehen wir uns deshalb einmal näher an, welche Arten von Tilgungen es gibt, wie Sie diese erkennen und im nächsten Schritt hinterfragen können. In den meisten Fällen beziehen sich Tilgungen auf die folgenden Elemente:

- *Personen*: Wer hat etwas gemacht?
- *Objekte*: Mit wem oder was wurde etwas gemacht?
- *Ort*: Wo wurde etwas gemacht?
- *Zeit*: Wann wurde es gemacht?
- *Methodik*: Wie wurde es gemacht?

- *Optionen*: Welche Optionen zur Durchführung gab es?
- *Menge*: Wie häufig wurde etwas gemacht?
- *Die Generalisierung*

Generalisierungen entstehen vor allem aus Glaubenssätzen und drücken sich dadurch aus, dass etwas „immer", „nie", „alles" oder „nichts" ist. Es handelt sich um eine schwarz-weiß geprägte Sicht auf bestimmte Themen. Fallen Ihnen im Laufe eines Gesprächs oder bei sich selbst solche Generalisierungen auf, ist es wichtig, diese zu hinterfragen, um die Beschränkung, die durch solche Verallgemeinerungen auferlegt wird, zu durchbrechen.

Bedenken Sie dabei, dass einer Generalisierung eine bestimmte Erfahrung zu Grunde liegt, die evtl. auch wiederholt gemacht wurde. Daraus wurde eine verallgemeinerte Schlussfolgerung gezogen, die von nun an getrennt von der ursprünglichen Erfahrung wiedergegeben wird. Um Glaubenssätze, die auf diese Art entstanden sind, aufzuweichen, ist es notwendig, die zu Grunde liegende Erfahrung wieder ans Licht zu bringen, sie zu hinterfragen und dann zu überprüfen, ob die daraus getroffene Bewertung wirklich realistisch ist.

Ein einfaches Beispiel hierfür ist die Aussage: „Ich finde nie einen Parkplatz". Wäre diese Aussage wahr, müsste der Sprecher sich während der Aussage in seinem Fahrzeug befinden und nach einem Parkplatz suchen und dies bereits seit sehr langer Zeit. Aufweichen ließe sich diese Überzeugung durch die folgenden Fragen:

- „In welchen Situationen hast du keinen Parkplatz gefunden?"
- „An welchen Orten hast du keinen Parkplatz gefunden?"
- „Zu welchen Zeiten hast du keinen Parkplatz gefunden?"
- „Wenn du keinen Parkplatz gefunden hast, wo ist dein Auto dann in

diesem Augenblick?" oder anders ausgedrückt: „Wie lange hast du nach einem Parkplatz gesucht?"

Die Verzerrung

Verzerrungen entstehen aus Generalisierungen, denn immer, wenn wir etwas generalisieren und zu einem feststehenden Glaubenssatz machen, beeinflusst das die Art der Filterung unserer Wahrnehmung.

Dies führt dazu, dass wir die Dinge nur noch so wahrnehmen, wie wir glauben, dass sie sind, denn unser Gehirn lässt keine anderen Schlussfolgerungen mehr zu. Auf diese Art entstehen sogenannte selbsterfüllende Prophezeiungen oder Phänomene, die jeder kennt: Wer schlechte Laune hat, erlebt auch nur negative Dinge, trifft auf ebenso schlecht gelaunte Menschen und im Laufe des Tages wird alles nur immer negativer.

Umgekehrt funktioniert das genauso, doch zeigt uns dies vor allem eines: Die Welt ist unser Spiegel! Zur Verdeutlichung greifen wir auf das Beispiel mit dem Parkplatz zurück. Ein Mensch, der eine solche Aussage trifft, neigt zu einer verzerrten Sicht auf die Realität, die sich dann dadurch äußert, dass es nie genügend Parkplätze gibt, unabhängig von Ort und Tageszeit.

Parkplatzmangel ist zu einer feststehenden Regel geworden, die dazu führen kann, dass die betreffende Person tatsächlich vorhandene, freie Parkplätze einfach aus seiner Wahrnehmung ausblendet, ohne dies zu bemerken. Auch hier hilft das Hinterfragen des zu Grunde liegenden Glaubenssatzes:

- „Ist es wirklich möglich, dass es auf der ganzen Welt keine Parkplätze gibt?"
- „Gibt es auch in Kleinstädten oder Dörfern wirklich keine Parkplätze?"

• „Gibt es verschiedene Tageszeiten, an denen Parkplätze besonders knapp sind?“

Meta-Modellierung zur Transformation von negativen Glaubenssätzen

Durch die Nutzung des Meta-Modells haben Sie inzwischen gelernt, hellhörig zu werden für Generalisierungen und Verzerrungen, sowohl bei anderen als auch bei sich selbst. Genau deshalb ist die konsequente Anwendung dieses Kommunikationstools so wichtig, denn nur so kommen Sie Ihren eigenen, selbstauferlegten Begrenzungen auf die Spur und können diese dann mithilfe der Technik der Meta-Modellierung transformieren.

Immer dann, wenn Sie zum Beispiel denken, etwas nicht tun zu können, beginnen Sie damit, zu hinterfragen, warum dies so ist. Besonders wenn Sie darauf mit Generalisierungen antworten, wissen Sie, dass Sie es mit einem negativen Glaubenssatz zu tun haben, und können diesen neu programmieren.

Gehen wir diese Vorgehensweise anhand des folgenden, negativen Glaubenssatzes einmal durch:

Ich bin nicht gut genug für ...

• Warum bin ich nicht gut genug?

• Wer behauptet, dass ich nicht gut genug bin? Was gibt der Person das Recht zu dieser Behauptung?

• Gibt es Beweise dafür, dass ich nicht gut genug bin?

• Ist es möglich, dass ich mich verbessere? Was könnte ich tun, um besser zu werden?

• Wie könnte ich diesen Glaubenssatz positiv und konstruktiv umformulieren?

Die Liste dieser Fragen können Sie auf jeden negativen Glaubenssatz anwenden, der Ihnen auffällt und Sie beschränkt. Nehmen Sie sich Zeit für die Beantwortung dieser Fragen und nehmen Sie diese ernst. Die Zeit, die Sie hier investieren, zahlt sich später hundertfach für Sie aus, nämlich dann, wenn es Ihnen gelingt, eine konstruktivere Sichtweise auf dieses Thema zu erlangen, dem Ganzen also einen neuen Rahmen zu geben!

Deshalb sollten Sie sich ein Notizbuch anschaffen, das nur für diese Arbeit gedacht ist. Wann immer Ihnen dann etwas geschieht, das Sie negativ bewerten und als belastend empfinden, oder bei jeder Gelegenheit, in der Ihnen ein negativer Glaubenssatz auffällt, schreiben Sie dieses in Ihr Notizbuch und arbeiten im Anschluss diese Fragen ab.

Geben Sie erst auf, wenn Sie einen positiveren Rahmen gefunden haben. Je länger Sie auf diese Art vorgehen, umso mehr konditionieren Sie sich darauf, mit allen Problemen auf diese Art umzugehen. So geht Ihnen das Hinterfragen und Neumodellieren von Glaubenssätzen irgendwann in Fleisch und Blut über, es wird zum Automatismus und Sie erlangen ein neues Gefühl der Kontrolle über Ihr Leben.

POSITIVERE UND KONSTRUKTIVERE KOMMUNIKATION DURCH PACING, LEADING UND RAPPORT

Möchten Sie gerne erfolgreicher in Ihrem Umgang mit Menschen werden und als positiven Nebeneffekt noch davon profitieren, dass Sie auf immer weniger Menschen stoßen werden, zu denen Ihre Beziehung durch Antipathie geprägt ist? Dies ist ein durchaus realistisches Ziel, das sich durch die Anwendung einiger simpler Basistechniken des NLP erreichen lässt.

Antipathie entsteht nämlich immer nur dann, wenn sie Ihr Gegenüber und dessen Motivation nicht verstehen und umgekehrt. Folglich ist es lediglich notwendig, Wege zu einem besserem Verständnis Ihres Gegenübers zu finden, weshalb Sie sich zunächst eine der Grundannahmen des NLP verinnerlichen sollten: Jede Handlung, egal wie negativ sie auch erscheinen mag, ist immer durch eine positive Motivation ausgelöst, oder anders ausgedrückt, egal was ein Mensch tut, er verfolgt damit eine positive Absicht. Lediglich die Wahl des Weges dahin lässt sich positiv oder negativ bewerten. Das bedeutet auch, dass Menschen grundsätzlich nicht negativ bewertet werden können, sondern lediglich Ihre Handlungen.

Wenn es Ihnen gelingt, diese Grundeinstellung zu verinnerlichen, verfügen Sie bereits über die notwendige Offenheit zur Anwendung der Kommunikationstechniken, die ich in diesem Kapitel vorstellen möchte. Beginnen möchte ich mit einer kurzen Erklärung der einzelnen Begriffe: *Pacing, Leading* und *Rapport*. Pacing und Leading sind Begriffe, die aus dem Englischen kommen, dabei steht *Pacing* für *Angleichung* und *Leading* für *Führen*. Unter Rapport wird versteht man einen Zustand, in dem sämtliche Gesprächspartner eine gemeinsame Ebene gefunden haben.

Eine Ebene, die von Sympathie, Vertrauen und Offenheit geprägt ist und so eine konstruktive und positive Kommunikation überhaupt erst ermöglicht. Der *Rapport* ist also das Ziel, mit dem Sie in ein Gespräch einsteigen, *Pacing* und *Leading* sind die Tools, die Ihnen den Weg dorthin ebnen.

Mit Pacing in drei Schritten zum Rapport

Stellen Sie sich vor, Sie treffen auf einen Menschen, der völlig anders, möglicherweise sogar gegensätzlich zu Ihnen selbst ist. Während Sie eher schnell sprechen und dabei eine lockere, von viel Bewegung geprägte Körperhaltung einnehmen, spricht Ihr Gegenüber sehr langsam und bedacht. Seine gesamte Körperhaltung drückt Zurückhaltung und Ruhe aus, er bewegt sich beim Sprechen nur wenig bis gar nicht. Würde nun keiner von Ihnen beiden versuchen, sich an den anderen anzugleichen, wäre der Verlauf eines Gesprächs ziemlich frustrierend für beide Seiten. Sie würden sich vermutlich bei dem Versuch, dem anderen zuzuhören, stark langweilen und gedanklich schnell abdriften, während Ihr Gegenüber von Ihrer schnelleren Sprechweise überfordert wäre und große Schwierigkeiten hätte, den Inhalt dessen, was Sie sagen, vollständig zu erfassen. Somit würde auch Ihr Gegenüber schnell das Interesse verlieren und gedanklich abdriften.

Eine solche Kommunikation wäre sehr schnell beendet und hinterließe einen eher negativen Nachgeschmack. Keiner von beiden hätte daraus einen Nutzen gezogen.

Um diesem Verlauf nun entgegenzuwirken, ist es notwendig, dass Sie beginnen, sich schrittweise an Ihr Gegenüber anzugleichen. Dies erreichen Sie, indem Sie beginnen, Ihren Gesprächspartner zu spiegeln. Das bedeutet, dass Sie selbst im ersten Schritt die Körperhaltung des anderen annehmen, so als wären Sie sein Spiegelbild. Achten Sie dabei aber bitte unbedingt darauf, es nicht zu übertreiben, es geht lediglich um eine grundsätzliche Angleichung, ahmen Sie bitte nicht jede Bewegung Ihres Gegenübers nach.

Dies würde zum einen dafür sorgen, dass Ihre Aufmerksamkeit wieder vom Gespräch abgezogen wird, was der andere spüren wird, und zum anderen würde es Ihrem Gesprächspartner irgendwann sehr unangenehm auffallen, wenn Sie ihn zu stark imitieren. Das Ziel ist es, vorsichtig eine gemeinsame Basis zu schaffen, indem man eine gemeinsame Ebene findet. Indem Sie den anderen spiegeln, lassen Sie ihn die Kommunikation führen oder auch leaden.

Auf diese Art schaffen Sie Vertrauen und Sympathie, denn diese Gefühle empfinden wir immer besonders stark in Bezug auf Menschen, die uns ähnlich sind. Wenn es Ihnen gelungen ist, die Körperhaltung Ihres Gegenübers auf eine dezente Art zu spiegeln, können Sie Ihr Pacing um die nächste Stufe erweitern. Dafür passen Sie Ihre Sprechgeschwindigkeit an die Ihres Gegenübers an. Auch hier geht es wieder nicht darum, exakt genauso schnell oder langsam zu sprechen wie der andere, sondern sich ihm so weit wie möglich anzunähern, ohne dass Ihre Aufmerksamkeit darunter leidet oder Ihr Verhalten unnatürlich und gestellt wirkt. Wenn Ihnen dies gelingt, ist es gut möglich, dass Ihr Gegenüber nun seinerseits beginnt, sich Ihnen anzugleichen, so dass Sie sich in der Mitte treffen können. Doch an dieser Stelle endet das Pacing noch nicht.

Achten Sie nun auf die Wortwahl Ihres Gesprächspartners und finden Sie so heraus, welches sein bevorzugtes Repräsentationssystem ist. Zur Erinnerung, das Repräsentationssystem bezeichnet den bevorzugten Wahrnehmungskanal eines Menschen, also visuell, auditiv, kinästhetisch, olfaktorisch oder gustatorisch. Das Repräsentationssystem eines Menschen ist gleichzusetzen mit seiner ganz persönlichen Sprache und wenn Sie in der Lage sind, diese Sprache nicht nur zu verstehen, sondern auch selbst zu sprechen, öffnen Sie sämtliche Türen für eine wirklich gelungene Kommunikation.

Wie Sie erkennen, um welches Repräsentationssystem es sich handelt, finden Sie in Kapitel 1, falls Sie dies noch einmal nachlesen möchten. Nutzen Sie Ihr Wissen nun und beginnen Sie, mit Ihrer Sprache selbst in dieses System zu wechseln.

Wenn Sie diese drei Schritte meistern, wird dies automatisch zur Herstellung von Rapport führen und Sie erleben eine Unterhaltung, die Sie unter den gegebenen Umständen sonst für unmöglich gehalten hätten. Sowohl Sie als auch Ihr Gesprächspartner wird das Gespräch am Ende mit einem guten Gefühl verlassen und etwas für sich mitgenommen haben, vollkommen unabhängig davon, wie unterschiedlich Sie beide auch sein mögen.

Bedenken Sie aber bitte, dass es Übung braucht, diese drei Schritte sicher zu beherrschen.

Üben Sie zunächst mit Freunden und Familienmitgliedern, diese werden es Ihnen nicht verübeln, sollten Sie in Ihrem Bemühen erst einmal übers Ziel hinausschießen.

Erst wenn Sie genügend Sicherheit in der Anwendung dieser Techniken gewonnen haben, sollten Sie versuchen, diese bei einem fremden Menschen anzuwenden.

NLP-Tools zur Persönlichkeitsentwicklung

Bisher haben wir uns mit einigen ausgewählten Grundlagen des NLP beschäftigt, die sich vor allem mit Wahrnehmung und Sprache beschäftigen. Ich habe diese gezielt ausgewählt, da die Beherrschung dieser Grundlagen zwingend notwendig ist, wenn Sie NLP zur Persönlichkeitsentwicklung nutzen möchten. Doch was genau ist unter Persönlichkeitsentwicklung zu verstehen?

Besonders beim Meta-Modell wird sehr deutlich, wie der Mensch sich seine Wirklichkeit selbst konstruiert und was dies für weitreichende Folgen hat. Diese erstrecken sich vom zwischenmenschlichen bis auf den persönlichen Bereich, eines haben sie aber alle gemeinsam: Sie beschränken den Menschen in der Entwicklung seines vollen Potentials und sorgen dafür, dass Sie nicht das Leben führen, dass Sie führen könnten! Tatsache ist, wenn Ihr Leben sich bereits optimal erfüllt anfühlen würde, würden Sie jetzt nicht dieses Buch lesen.

Doch ein erfülltes Leben hängt nicht wirklich von den äußeren Umständen ab, es ist nichts, was uns die Wiege gelegt wird oder andersherum, uns verweigert werden kann. Wir selbst kreieren die Welt, in der wir leben, durch unsere Wahrnehmung und durch die Bewertungen, die wir treffen.

Dies ist eine elementare Wahrheit, die wahre Freiheit verspricht. Denn wenn Sie selbst Ihre Wirklichkeit kreieren, ist es unerheblich, ob Sie dies bisher unbewusst getan haben. Das Wissen darum, wie Sie dies tun, gibt Ihnen die Möglichkeit, diesen bisher unbewussten Vorgang in Zukunft bewusst zu steuern und damit ein vollkommen neues Leben zu erschaffen. Deshalb konzentriere ich mich in diesem Buch auf die Tools, die Ihnen helfen können, genau dies zu erreichen.

DER ANKER

Der Anker gehört zu den wohl bekanntesten NLP-Techniken überhaupt und dies aus gutem Grund. Wer diese Technik verstanden hat und gezielt einsetzen kann, verfügt über eines der mächtigsten Werkzeuge, die es zur Persönlichkeitsentwicklung gibt.

Mit dem Anker können Sie sich selbst komplett neu erschaffen und damit auch Ihr gesamtes Leben in völlig neue Bahnen lenken. Aber was ist unter diesem Begriff zu verstehen und was macht diese Technik so unglaublich machtvoll? Der Anker ist nichts anderes als die NLP-Bezeichnung und Nutzbarmachung eines bereits lange bekannten, psychologischen Prinzips, das als Konditionierung bekannt ist. Vielleicht müssen Sie bei dem Begriff Konditionierung plötzlich an Hunde denken, und wenn dem so ist, sind Sie bereits auf der richtigen Spur.

Anfang des 20. Jahrhunderts wies der russische Mediziner und Physiologe *Iwan Petrowitsch Pawlow* mit Hilfe seiner Experimente an Hunden etwas nach, das heute als klassische Konditionierung bekannt ist. Bei diesen Experimenten ging es darum, einen bestimmten Reiz, der eine bestimmte Reaktion zur Folge hatte, durch einen anderen Reiz zu ersetzen. Dafür setzte er eine Reihe von Hunden dem visuellen Reiz von Futter aus, was eine erhöhte Speichelproduktion zur Folge hatte.

Das Gehirn der Hunde nahm Futter wahr und bereitete als Reaktion auf diesen Reiz den Körper auf die Nahrungsaufnahme vor, indem es die Speichelproduktion anregte.

Dabei handelte es sich um einen angeborenen, unbewusst ablaufenden Reflex, vergleichbar mit einem Programm, das gestartet wird und dann immer gleich abläuft. Im weiteren Verlauf des Experiments fügte er dem visuellen Reiz des Futters nun eine neue Komponente hinzu. Jedes Mal, wenn er den Hunden das Futter zeigte, läutete er gleichzeitig eine Glocke. Nach einer bestimmten Anzahl an Wiederholungen dieses

Vorgehens genügte allein der Ton der Glocke, um bei den Hunden eine vermehrte Speichelproduktion auszulösen.

Der Anblick von Futter war unnötig geworden, um dieses bestimmte Verhaltensprogramm ablaufen zu lassen, denn das Gehirn dieser Hunde hatte gelernt, dass es immer dann, wenn diese Glocke ertönte, kurz darauf Futter gab.

Die Hunde waren somit darauf konditioniert worden, das Geräusch der Glocke mit einer bestimmten Reaktion zu beantworten. Daraus ergibt sich, dass Konditionierung nichts anderes ist als eine erlernte Reaktion auf einen bestimmten Reiz. Das Verhalten von Säugetieren – und der Mensch macht da keine Ausnahme – ist zu einem Großteil erlerntes bzw. konditioniertes Verhalten und konditioniertes Verhalten finden wir beim Menschen überall da, wo automatisierte Handlungen ablaufen, denen das Bewusstsein keine Aufmerksamkeit mehr schenkt.

„Nach dem Essen Zähne putzen!" ist ein gutes Beispiel für eine menschliche Konditionierung. Wir werden von Kindheit an auf dieses Verhalten trainiert. Der auslösende Reiz ist hier das Essen, die erlernte Reaktion auf diesen Reiz ist das anschließende Zähneputzen.

Zu Beginn ist noch Disziplin erforderlich, damit ein Kind sich wirklich nach jeder Mahlzeit die Zähne putzt, doch je häufiger dieses Verhalten durchgeführt wird, umso mehr wird es zum automatisiert ablaufenden Vorgang, der durch einen bestimmten Reiz ausgelöst wird. Ein anderes, geläufiges Beispiel für eine Konditionierung ist die emotionale Reaktion auf bestimmte Gerüche.

Fast jeder Mensch verfügt über eine solche Konditionierung, so kann der Geruch eines bestimmten Parfums, dass Ihre Großmutter immer getragen hat, bei Ihnen das Gefühl von Geborgenheit auslösen, oder der Geruch von Sonnencremes dafür sorgen, dass Ihre Stimmung besonders angehoben wird, einfach weil Sie diesen Geruch mit Urlaub, Strand und schönem Wetter in Verbindung bringen. Genau darum geht es bei einer Konditionierung, Ihr Gehirn hat auf Grund unzähliger Wiederholungen eine bestimmte Erwartungshaltung mit einem bestimmten Reiz verbunden. So wie die Hunde, die gelernt haben, dass es Futter gibt, wenn die Glocke klingelt.

Dabei spielt es bei einer einmal erworbenen Konditionierung keine Rolle mehr, ob dem Reiz immer noch das folgt, was der ursprüngliche Auslöser für die Konditionierung war. Der Hund wird beim Klang der Glocke beginnen zu sabbern und in freudige Erregung verfallen, auch wenn man ihm danach kein Futter gibt. Es würde mindestens ebenso viele Wiederholungen benötigen, in denen nach dem Klang der Glocke kein Futter gegeben wird, damit die Konditionierung an Kraft verliert und sich auflöst. Konditionierung hat somit viel mit Gewohnheiten zu tun und kann deshalb auch genutzt werden, um Gewohnheiten zu verändern oder neue zu erschaffen.

Inzwischen dürfte es deutlich sein, wieviel Macht dieses Wissen Ihnen verleiht, eine Macht, mit der Sie lernen können, Ihr Leben in kontrollierte Bahnen zu lenken. Mittels Konditionierung lassen sich nicht nur Gewohnheiten (um)trainieren, auch die Auswirkungen traumatisierender Erlebnisse lassen sich auf diese Weise neutralisieren. Denn auch das, was in Folge einer Traumatisierung geschieht, ist nichts anderes als eine Konditionierung, nur eine sehr negative.

Bestimmte Reize, die im Falle eines Traumas als Trigger bezeichnet werden, lösen Gefühle der Angst und Ohnmacht aus, die bis zu einer Panikattacke führen können. Verhaltensmuster, die traumatisierte Menschen erlernt haben, um sich zu schützen, werden so auch Jahre später noch abgespult, wenn diese Menschen einem Trigger-Reiz ausgesetzt werden.

Dabei spielt es keine Rolle, ob diese Verhaltensmuster noch sinnvoll oder überhaupt notwendig sind.

Der Prozess ist inzwischen automatisiert und entzieht sich einer bewussten Kontrolle. Dennoch lässt sich hier eingreifen, indem man neue Konditionierungen zum gleichen, bisher problematischen Reiz schafft. Dies bringt uns nun endlich zur Anker-Technik, denn wie Sie sich inzwischen vielleicht denken können, ist der Anker der Reiz, der ein bestimmtes Verhalten auslösen soll.

Unter Verhalten kann hier jedoch vieles verstanden werden, es muss nicht immer ein Verhalten im wortwörtlichen Sinne gemeint sein. Vielmehr kann sich dieser Begriff in diesem Falle auch auf das Einsetzen bestimmter, erwünschter Gefühlszustände beziehen. Die Anker-Technik ist sehr vielseitig einsetzbar und wir werden uns nun ansehen, wie Sie den Anker für sich selbst nutzen können.

Die Anker-Technik nutzen, um Ängste zu überwinden:

Ob Sie nun Angst vor dem Zahnarzt haben, vor dem Fliegen, vor Spinnen, vor Prüfungen oder was auch immer, all diesen Ängsten liegt eine erlernte Erwartungshaltung zu Grunde.

Sobald diese Erwartungshaltung durch bestimmte Reize getriggert wird, schüttet Ihr Gehirn Adrenalin aus und Ihr Körper reagiert so, als würde eine akute Gefahr bestehen. Sie befinden sich im Stressmodus, manchmal wider besseren Wissens, manchmal auch in der Überzeugung, dass dies eine angebrachte Reaktion ist. Das Perfide daran ist, durch diesen Stressmodus verändern sich Ihre Körperhaltung und -sprache sowie Ihr gesamtes Verhalten, was in den allermeisten Fällen dazu führt, dass Ihre Erwartungshaltung bestätigt wird. Stellen Sie sich vor, Sie hätten Angst vor Hunden.

Sobald Sie einem Hund begegnen, erwarten Sie das Schlimmste und bereiten sich innerlich auf Flucht oder Abwehr vor. Der Hund kann Ihre angstvolle Erregung spüren und reagiert darauf. Er spiegelt Ihre Angst, indem er selbst in die Abwehrhaltung geht. Er beginnt zu bellen und knurren und schon hat sich Ihre Angst selbst bestätigt. Auch beim Zahnarzt kann Ihnen das geschehen, denn durch Ihre Angst wirken Sie feindselig, was der Arzt jedoch in den meisten Fällen nur unbewusst wahrnimmt und dann ebenso unbewusst darauf mit seinem eigenen Verhalten Ihnen gegenüber reagiert. So bemerken Sie nun ebenfalls unbewusst eine feindselige Haltung des Arztes Ihnen gegenüber und Ihre Angst hat sich bestätigt. Deshalb ist es so wichtig, dafür zu sorgen, dass Ihre ursprüngliche Konditionierung durchbrochen und durch eine neue, positivere ersetzt wird. Denn der Verlauf einer Situation wird durch Ihre eigene Erwartungshaltung bestimmt!

Wenn Sie die Übungen zur Verbesserung Ihrer Wahrnehmung, besonders Ihrer inneren Wahrnehmung, inzwischen sicher beherrschen, können Sie diese gezielt nutzen, um einen neuen Anker zu erschaffen. Dafür benötigen Sie zwei Dinge: Erstens einen geeigneten Reiz, den Sie jederzeit und überall gezielt auslösen können, und zweitens ein Erlebnis oder eine Erfahrung, die ausgesprochen positive Gefühle in Ihnen auslöst.

Da wir hier Ängste abbauen möchten, empfiehlt sich ein Erlebnis, das in Ihnen ein Gefühl von Sicherheit und Geborgenheit ausgelöst hat. Für den Reiz, also den Anker, empfiehlt sich etwas möglichst Einfaches, zum Beispiel eine kurze, aber intensive Berührung. So könnten Sie kurz Ihr linkes Ohrläppchen zusammendrücken, einen Ring am Finger drehen oder an einem Duftöl oder Parfüm riechen, das sie immer bei sich tragen. Wichtig ist, dass Sie einen Reiz wählen, den Sie wirklich nur für die Erschaffung eines Ankers nutzen, das heißt, wenn Sie ohnehin gewohnheitsmäßig den Ring an Ihrem Finger drehen, ist dies kein geeigneter Anker. Sollten Sie sich für einen Duftreiz entscheiden, stellen Sie sicher, dass Sie diesen Duft bisher nicht genutzt haben – da er sonst bereits mit etwas anderem verknüpft sein könnte – und diesen ausschließlich für Ihren Anker benutzen.

Wenn Sie sich für einen Anker entschieden haben, beginnt der eigentliche Prozess der Konditionierung, für den Sie Ihre verbesserte innere Wahrnehmung zwingend benötigen. Um zu verstehen, wie die folgende Technik funktioniert, müssen Sie vorab allerdings noch etwas wissen: Das Gehirn kann nicht zwischen einer reinen Vorstellung – also etwas, das lediglich im Inneren geschieht – und etwas im Außen Erlebtem unterscheiden. Beides ist gleichermaßen real für Ihr Gehirn und je intensiver und detailreicher eine Vorstellung ist, umso stärker reagiert das Gehirn genauso darauf, als wäre diese Vorstellung real.

Wenn Sie sich also nur vorstellen, wie Sie an einem schönen Sommertag am Strand spazieren gehen oder im Meer baden, schüttet Ihr Gehirn, je nach Intensität der Vorstellung, die gleichen Hormone aus, als würden Sie dies tatsächlich tun. Dies führt dazu, dass Sie die gleichen Gefühle erleben, als würden Sie dies tatsächlich tun. Aus diesem Grund sind Tagträume so ein beliebter Zeitvertreib, denn sie erzeugen die gleichen Glücksgefühle, als würden Sie das Erträumte tatsächlich erleben. Wäre dem nicht so, würde kein Mensch sich jemals mit Tagträumen aufhalten, denn er hätte ja nichts davon.

Sie benötigen nun also ein Erlebnis, eine Erfahrung oder einen Tagtraum, etwas, das in Ihnen die Gefühle von Sicherheit und Geborgenheit auslöst. Dies kann die Vorstellung davon sein, wie Sie mit Ihrem Partner kuscheln, wie Ihre Mutter Sie als Kind im Arm gehalten hat oder was auch immer Ihnen persönlich die größtmögliche Sicherheit und Geborgenheit in Ihrem Leben vermittelt hat.

Alles was Sie nun tun müssen ist, im ersten Schritt den Anker-Reiz auszulösen und sich direkt im Anschluss daran in Ihrer Vorstellung in die gewählte, Sicherheit bringende Situation zu versetzen. Dies müssen Sie jedoch so intensiv wie nur möglich tun und dabei so viele Wahrnehmungskanäle mit einbeziehen, wie Sie nur können. Besonders hilfreich beim Konditionieren sind Gerüche und Musik, da unser Gehirn

Erinnerungen mit bestimmten Sinnesreizen verknüpft. Malen Sie sich Ihre Vision also so lebhaft und bunt wie möglich aus, nehmen Sie Gerüche wahr, Farben, Formen, taktile Gefühle und tun Sie dies solange, bis sich das gewünschte Gefühl eingestellt hat. An dieser Stelle zahlt sich Ihr Wahrnehmungstraining spätestens aus, denn je lebhafter und realistischer Ihre Vorstellung, desto effektiver wird die Wirkung Ihres Ankers sein!

Bedenken Sie aber eines: Anker, bzw. Konditionierungen, leben von der Wiederholung, das bedeutet, es ist nicht mit einem Mal getan. Wie oft Sie diese Vorgehensweise wiederholen müssen, damit die neue Konditionierung Ihnen in Fleisch und Blut übergeht, ist individuell, es benötigt aber mindestens fünfzig Wiederholungen.

Einen Anker können Sie nicht an einem Tag erschaffen, auch nicht in einer Woche, es braucht einiges an Zeit und Disziplin, damit Sie mit dieser Technik Erfolg haben. Wiederholen Sie diese Übung also so häufig wie möglich: Den Reiz auslösen und anschließend die gewählte Vorstellung innerlich durchleben. Nach wenigstens zehn ausführlichen Wiederholungen können Sie einmal testen, wie gut sich Ihr neuer Anker schon gefestigt hat. Lösen Sie den Reiz dann einmal aus, ohne anschließend in die Vorstellung abzutauchen, und achten Sie stattdessen darauf, ob Sie eine emotionale Reaktion in der gewünschten Richtung feststellen können und wie stark diese ist.

Testen Sie anfangs nicht in einer Situation, in der Sie tatsächlich Angst verspüren, sondern heben Sie sich dies für einen Zeitpunkt auf, an dem die Konditionierung bereits gut gefestigt ist und Sie eine starke emotionale Reaktion auf den Reiz verspüren können. Dann sind Sie soweit, in angstauslösenden Situationen auf Ihren Anker zurückzugreifen, um eine andere emotionale Reaktion auslösen zu können.

Die Anker-Technik nutzen als Mittel gegen Prokrastination:

Prokrastination ist eine der destruktivsten menschlichen Verhaltensweisen überhaupt, denn Sie führt dazu, dass wir nicht tun, was wir tun müssen, bzw. dies so lange aufschieben, bis wir unter enormem Stress stehen. Genau genommen ist starker Stress das Einzige, was Sie aus einer Schleife der Prokrastination herausholen kann, dieses Phänomen dürfte jeder Mensch in Zusammenhang mit Deadlines kennen.

Sie müssen eine bestimmte Aufgabe bis zu einem bestimmten Zeitpunkt erledigt haben. Wenn Sie diese Aufgabe aus irgendeinem Grund nicht gerne tun, beginnt der Kreislauf der Prokrastination und dieser hält so lange an, bis die Deadline kurz bevorsteht.

Diese Deadline bedeutet nämlich eine negative Konsequenz bei Nichteinhaltung und nur dann, wenn diese Konsequenz negativer ist als die Erledigung der Aufgabe, schaffen Sie es, mit dem Prokrastinieren aufzuhören und endlich die Arbeit zu machen. Deshalb sollten Sie sich als erstes einmal bewusst machen, dass auch Prokrastination nichts anderes ist als eine Konditionierung, in diesem Fall eben eine Negativ-Konditionierung. Deshalb ist die Anker-Technik auch hier das Mittel der Wahl, um endlich neue und konstruktivere Verhaltensweisen zu erlernen.

Allerdings ist die Vorgehensweise hier eine etwas andere als die zuvor Beschriebene. Denn in diesem Fall sollten Sie die Tätigkeit, die Sie als so unangenehm empfinden, dass Sie diese prokrastinieren, als Anker benutzen. Wir gehen hier also umgekehrt vor wie im vorigen Beispiel und bringen dem Gehirn bei, dass diese unangenehme Tätigkeit so positive Aspekte hat, dass es dem nicht mehr ausweichen muss oder im günstigsten Fall sogar lernt, sich auf diese Tätigkeit zu freuen!

Zugegeben, so weit zu kommen, dass Sie eine ungeliebte Tätigkeit lieben lernen, braucht eine Menge Zeit und es gibt Dinge, die werden Sie auch mit der Anker-Technik niemals lieben lernen. Das ist aber auch nicht notwendig, denn was Sie auf jeden Fall erreichen können, ist eine Neutralisierung der Bewertung und damit eine automatisierte Ausführung der zuvor gehassten Tätigkeit, ohne dass es Ihnen noch belastend erscheint. So wie das Zähneputzen nach dem Essen, als Kind haben Sie dies höchstwahrscheinlich nicht als besonders erstrebenswerten Zeitvertreib empfunden, doch mittlerweile ist es Ihnen in Fleisch und Blut übergegangen. Sie tun es, ohne darüber nachzudenken, es läuft automatisiert ab. Was für ein Gewinn an Lebensqualität wäre es, eine bisher verhasste Tätigkeit auf dieses neue Niveau zu erheben?

Was benötigen Sie nun also, um einen Anker gegen Prokrastination zu erschaffen? Im Grunde brauchen Sie nur zwei Dinge, um etwas wirklich ändern zu wollen, nämlich eine reizvolle Belohnung und den Willen. Daraus kann dann die Disziplin entstehen, die notwendig ist, um durchzuhalten, bis das Ziel erreicht ist.

Was könnte nun Ihre Belohnung sein? Bei der nun folgenden Vorgehensweise muss dies keine große Sache sein, sondern lediglich etwas, das Sie sich im Normalfall nicht ohne weiteres erlauben. Wählen Sie hierfür bitte keine Dinge wie Süßigkeiten, Alkohol oder Ähnliches, aus naheliegenden Gründen wäre dies ziemlich kontraproduktiv und könnte mehr neue Probleme erschaffen, als Sie damit lösen würden.

Geeignet wäre zum Beispiel eine Belohnung in Form von 15 Minuten Zeit für etwas, das Sie wirklich gerne tun, wozu Sie aber sonst nur wenig Gelegenheit haben. Dies kann ein Hobby sein, das Sie erfüllt, das Anschauen eines Videos von Ihrem Lieblings-YouTube-Kanal, Zeit, die Sie mit einem Menschen verbringen, den Sie lieben, oder was auch immer Ihnen einfällt. Wichtig ist, die Belohnung sollte nicht mehr als 15 Minuten in Anspruch nehmen und jederzeit durchführbar sein, gleichzeitig sollte es nichts sein, was Sie ohnehin häufig tun, denn dann wäre es kein Anreiz mehr. Um sich nun bezüglich der Tätigkeit, die Sie bisher prokrastiniert haben, neu zu konditionieren, gehen Sie genau umgekehrt vor, denn genau diese Tätigkeit soll ja Ihr neuer Anker werden. Um Ihnen das Ganze zu erleichtern und der ungeliebten Tätigkeit zusätzlich den „Schrecken" zu nehmen, beschränken Sie sich auf eine Durchführung derselben von einer halben Stunde. Diese halbe Stunde werden Sie jedoch von nun an täglich investieren müssen, denn ein Anker lebt von Wiederholung.

Zu Beginn können Sie sich mit der von Ihnen gewählten Belohnung zusätzlich motivieren, um nicht gleich wieder zu prokrastinieren. Direkt nachdem Sie die Tätigkeit eine halbe Stunde lang ausgeführt haben, müssen Sie sich nun belohnen, immer auf die gleiche Art. Es ist eine zusätzliche, große Hilfe, wenn sie immer die gleiche Tageszeit für dieses Vorhaben wählen, dies fördert die Entwicklung einer neuen Routine und genau das wollen wir ja erreichen.

Je nachdem wie ausgeprägt Ihr bisheriges Prokrastinationsverhalten war und wie lange Sie dieses Verhalten schon an den Tag legen, kann es zwischen einem Monat und maximal einem Jahr dauern, bis Sie auf diese Weise eine neue Verknüpfung der bisher ungeliebten Tätigkeit in Ihrem Gehirn erreicht haben.

Dies mag Ihnen wie eine sehr lange Zeit erscheinen, doch sollten Sie sich an dieser Stelle fragen, was Ihnen sinnvoller erscheint: Ein Leben lang – und Sie können nicht wissen, wie viele Jahre oder Jahrzehnte Sie noch haben – unter Ihrem ungünstigen Verhalten zu leiden oder maximal ein Jahr Unbequemlichkeit in Kauf zu nehmen und das Problem damit dauerhaft aus der Welt zu schaffen?

REFRAMING – WIE SIE DURCH EINE VERÄNDERTE EINSTELLUNG MEHR LEBENSQUALITÄT UND MEHR KONTROLLE GEWINNEN

Wie Sie eine Sache bewerten, bestimmt, wie Sie damit umgehen. Deshalb bestimmen Sie selbst durch Ihre gewählten Bewertungen die emotionale Qualität Ihres Alltags und Ihres gesamten Lebens. Im vorigen Kapitel über die Anker-Technik kamen wir unter anderem auf das Thema Prokrastination zu sprechen. Was, wenn ich Ihnen nun sage, dass der Grund für Prokrastination immer eine negative Bewertung der prokrastinierten Angelegenheit ist? Dies sollte einleuchtend sein, denn wenn Sie eine Tätigkeit positiv bewerten, führen Sie diese gern aus und haben keinen Grund, sie aufzuschieben, bis nichts mehr geht. Alles was wir positiv bewerten, hat für uns natürlicherweise auch höchste Priorität, weil es uns gute Gefühle macht!

Unsere Einstellung ist somit einer der Hauptschlüssel zu einem erfolgreichen, erfüllten und glücklichen Leben. Nun könnte man entgegnen, dass, wenn es so einfach wäre, eine negative Einstellung einfach zu verändern, wohl kaum ein Mensch Probleme mit irgendetwas in seinem Leben hätte. Das wahre Problem liegt aber nicht darin, seine Einstellung zu verändern, sondern vielmehr darin, dass uns im Normalfall nie beigebracht wurde, wie man dies tut. In den allermeisten Fällen ist uns nicht einmal die Notwendigkeit bewusst gemacht worden, dies zu tun, wir haben eher gelernt, einfach hinzunehmen, dass es viele Dinge gibt, die wir nicht mögen, mit denen wir aber leben müssen.

Es ist richtig, dass es im Leben immer wieder Dinge geben wird, die Ihnen nicht gefallen oder Ihnen sogar große Probleme bereiten und genauso richtig ist es, dass Sie an vielen dieser Umstände nichts ändern können, weil sie sich Ihrer Kontrolle entziehen. Sie haben nicht in der Hand, vor welche Herausforderungen das Leben Sie stellt, wohl aber, wie Sie darauf reagieren, und genau an dieser Stelle setzt die Technik des Reframings an. Zum besseren Verständnis erklären wir nun erst einmal den Begriff selbst.

Reframing kommt aus dem Englischen, *frame* bedeutet übersetzt *Rahmen* und *Reframing* ist die Tätigkeit, *etwas einen neuen Rahmen zu geben*. Wie dieser Rahmen aussieht, bestimmen Sie beim Reframing selbst auf bewusste Art, statt sich einfach von Ihren unbewusst getroffenen Bewertungen kontrollieren zu lassen.

Die Art und Weise, wie Sie diesen neuen Rahmen erschaffen, ist dabei gar nicht so schwierig oder unmöglich, wie es ihnen erscheinen mag, sie müssen sich lediglich in etwas üben, das sich Perspektivenwechsel nennt. Diesen Perspektivenwechsel können Sie durch bestimmte Fragestellungen erreichen, zum Beispiel die Folgenden:

- Ist dies wirklich die einzige Möglichkeit, diese Sache zu bewerten?
- Wie würde sich diese Angelegenheit für eine andere Person darstellen? Beantworten Sie diese Frage aus der persönlichen Sichtweise von mindestens vier verschiedenen Personen, die Sie kennen.

Um diesen Vorgang etwas zu konkretisieren, greifen wir auch hier auf einige Beispiele zurück, die für jeden nachvollziehbar sein sollten. Stellen Sie sich vor, Ihr Arzt diagnostiziert bei Ihnen eine Arthrose in den Kniegelenken und verordnet Ihnen regelmäßige Spaziergänge und regelmäßiges Schwimmen.

Sie haben nun die Wahl, wie Sie mit dieser Diagnose und den „aufgezwungenen", neuen Tätigkeiten, die zur Pflicht geworden sind, umgehen wollen und wie sich diese auf Ihre Lebensqualität auswirken. Sie könnten den Mut verlieren und sich dadurch in Ihrem Wert als Mensch herabgesetzt fühlen, dies würde entstehen durch Gedanken wie „Ich bin nicht mehr so leistungsfähig wie früher" und „Es wird mit der Zeit immer schlimmer werden", „Ich bin zu nichts mehr zu gebrauchen", „Jetzt muss ich auch noch täglich Sport machen, damit es mir nicht noch schneller schlechter geht", etc.

Fragen Sie sich nun, ob dies wirklich die einzige Möglichkeit ist, diese Erkrankung und ihre Konsequenzen zu betrachten. Gibt es nicht möglicherweise auch positive Aspekte, die diese Sache mit sich bringt? Sie könnten es auch so sehen, dass Sie nun einen guten Grund haben, sich öfter an der frischen Luft zu bewegen und dass dies einen sehr positiven Effekt auf Ihre gesamte Gesundheit und Ihr Allgemeinbefinden haben wird. Genauso könnten Sie bedenken, dass diese Erkrankung Ihnen die Gelegenheit gibt, grundsätzlich etwas kürzer zu treten, dies würde Ihnen wiederrum mehr Freiräume verschaffen für Dinge, die Sie gerne tun, für die Ihnen aber bisher die Zeit gefehlt hat.

Wie würden andere Menschen, die Sie kennen, mit dieser Diagnose umgehen? Suchen Sie sich für diese Fragestellung bewusst Menschen mit einer möglichst positiven Lebenseinstellung aus. Machen Sie sich eine schriftliche Liste mit möglichen positiven Konsequenzen und lernen Sie auf diese Art, dass alles im Leben immer zwei Seiten hat und dass es allein Ihre Entscheidung ist, welcher dieser zwei Seiten Sie mehr Gewicht beimessen wollen.

Ein anderes Beispiel könnte der Verlust Ihrer Arbeitsstelle sein, eine Sache, die wohl jeder Mensch erst einmal als negativ bewerten würde. Immerhin hängen Ihre Existenz und Ihre Lebensqualität in starkem Maße davon ab, dass Sie eine Arbeitsstelle haben.

Doch auch hier verstecken sich vermeintlich positive Aspekte, die Sie nur im ersten Schock nicht sehen können. Es bietet sich hier nämlich gleichzeitig die Chance auf eine Verbesserung, Sie sind nun frei, sich eine Arbeitsstelle zu suchen, die Ihnen mehr Erfüllung bringt als die letzte, vielleicht auch mehr Verdienst, mehr Freizeit, nettere Kollegen und Vorgesetzte, was auch immer Ihnen wichtig ist. Konzentrieren Sie sich in diesem Fall lieber auf die negativen Aspekte der alten Arbeit, um herauszufinden, welche Kriterien ein Job für Sie erfüllen muss, damit es Ihnen damit wirklich gut geht. Somit können sie den Verlust Ihrer Arbeit eher als Chance betrachten denn als Schicksalsschlag.

GEWOHNHEITEN VERÄNDERN MIT DER SWISH-METHODE

Die Swish-Methode ist eine hervorragende Technik, um Gewohnheiten zu verändern, die Ihnen nicht guttun oder die sich negativ auf Ihr Leben auswirken. Jede Gewohnheit ist mittels Konditionierung fest in Ihrem Unterbewusstsein verankert und bestimmte Reize oder Gelegenheiten sorgen dafür, dass diese Gewohnheit als Antwort darauf ausgelöst wird.

So kann eine stressige Situation bei Ihnen den Impuls hervorrufen, eine Zigarette zu rauchen, weil dies Ihre erlernte Antwort auf Stress ist. Um sich nun eine neue, konstruktivere Gewohnheit als Antwort auf Ihren Stress anzugewöhnen, benötigen Sie eine möglichst positive Ersatzhandlung, die im Idealfall sogar dafür sorgt, dass Sie Ihren Stress besser und gesünder bewältigen können und mit der Sie sich auch noch wohlfühlen.

Dies könnte zum Beispiel so aussehen, dass Sie, statt eine Zigarette zu rauchen, die gleiche Zeit investieren und stattdessen eine schöne Tasse leckeren Tee trinken. Physiologisch betrachtet führt der Tee und die gesamte „Zeremonie“ des Teetrinkens Sie viel eher in die Entspannung und damit den Stressabbau, als eine Zigarette es je könnte. Diese sorgt ja eher dafür, dass Ihr Blutdruck und Ihre Herzfrequenz steigen, wodurch auch Ihr Stresslevel steigt.

Die positive Wirkung der Zigarette ist somit nur eine Illusion und der Belohnungseffekt hält nur solange an, wie Sie diese rauchen. Das bewusste Trinken einer Tasse Tee kann Ihnen jedoch viel mehr bieten, Sie haben ein positives Geschmackserlebnis, was einem ersten Belohnungsfaktor gleichkommt, und die körperlich tatsächlich beruhigende Wirkung des Getränks sorgt für einen deutlich spürbaren und länger anhaltenden Belohnungseffekt.

Um die Swish-Technik nun auf dieses Beispiel anzuwenden, müssen Sie sich diese Argumentation erst einmal bewusst machen. Im zweiten Schritt werden Sie dann aktiv, nämlich immer dann, wenn Sie in einer stressigen Situation den Impuls verspüren, nach einer Zigarette zu greifen. In diesem Moment taucht das innere Bild einer Zigarette in Ihnen auf, machen Sie sich dieses Bild bewusst, sodass Sie es deutlich vor Augen sehen. Nun überlagern Sie dieses Bild mit der Vorstellung Ihrer „Teezeremonie".

Malen Sie dieses Bild dabei so deutlich und detailliert aus wie nur möglich, sodass Sie den Tee schmecken und riechen sowie die einsetzende Entspannung fühlen können. Wenn Sie dies erreicht haben, verbinden Sie diese Gefühle nun in Gedanken mit einer bestimmten Farbe, die Sie zum Schluss über das Bild legen.

Danach greifen Sie dann nicht zur Zigarette, sondern führen die Handlung genauso aus, wie Sie sie eben noch visualisiert haben, auch hier denken Sie am Ende der Handlung wieder intensiv an die von Ihnen gewählte Farbe. Diese Übung lebt, wie alle NLP-Techniken, von der Wiederholung, weshalb Sie zu Beginn etwas Selbstdisziplin benötigen. Doch mit jeder neuen Anwendung verankert sich das neue Bild bzw. der neue, positivere Handlungsimpuls in Ihrem Unterbewusstsein, bis er von allein in der entsprechenden Situation entsteht.

Zusätzlich können Sie den Gedanken an die Farbe, die Sie mit dieser Technik verbunden haben, nutzen, um diesen Impuls jederzeit wachzurufen, also auch in Situationen, die nicht stressig sind, in denen Sie aber trotzdem zur Zigarette greifen möchten. Auf diese Art können Sie sich das Rauchen sanft und langsam abtrainieren und durch gesündere Gewohnheiten ersetzen. Dies muss natürlich keine Teezeremonie sein, diese habe ich nur als Beispiel gewählt. Was Ihre Ersatzhandlung sein soll, bleibt ganz Ihnen überlassen. Sie sollte lediglich konstruktiver sein als die Gewohnheit, die Sie ablegen möchten.

DIE CORE-TRANSFORMATION – IHR WEG ZUR ABSOLUTEN EINHEIT

Die Core-Transformation ist eines der mächtigsten Werkzeuge im NLP und gleichzeitig eine sehr umfangreiche Technik. Genutzt wird diese, um Ihnen zu ermöglichen, Teile Ihres Selbst, die Sie ablehnen, zum Beispiel bestimmte Verhaltensweisen, zu integrieren und zu transformieren. Dies geschieht, indem Sie mit diesen Anteilen Kontakt aufnehmen und sie Schritt für Schritt in einen Zustand führen, der als Core-Zustand bezeichnet wird.

Dieser Core-Zustand geht dabei weit über das hinaus, was die Transformation eines vermeintlich negativen Anteils bewirken kann. Ziel ist hier, Ihre gesamte Persönlichkeit auf diese Art zu transformieren, bis Sie am Ende einen dauerhaften Core-Zustand erleben können. Deshalb sollten wir uns erst einmal damit auseinandersetzen, wie sich dieser Core-Zustand definiert.

Der Begriff Core stammt wieder einmal aus dem Englischen und bezeichnet den Kern einer Sache. In diesem Fall geht es um den Kern Ihres eigenen Wesens, den Teil von Ihnen, der mit allem verbunden ist und deshalb von Gefühlen der absoluten Freiheit, Liebe und Sicherheit getragen wird. Wenn Sie nun denken, dass Sie selbst nicht über einen solchen Teil verfügen, weil Sie diese Gefühle noch nie im eben beschriebenen Ausmaß in sich gespürt haben, liegt das daran, dass Sie, wie die allermeisten Menschen, den Zugang dazu verloren haben.

Jeder Mensch verfügt über diesen Wesenskern, der noch mit der Schöpfung als Ganzes in Verbindung steht, wir alle verlieren nur im

Laufe unseres Lebens immer mehr den Kontakt dazu. Auf Grund der Anforderungen, die das Leben in einer hochkomplexen Gesellschaft an uns stellt, sind wir mit zunehmendem Alter immer stärker gefordert, uns anzupassen und ein bestimmtes Bild von uns nach außen zu projizieren, damit wir als kleiner Teil eines Ganzen funktionieren können. Dafür lassen wir immer wieder Teile von uns zurück, sie bleiben auf der Strecke, werden nicht mehr genährt und erfahren sich deshalb immer weniger als Teil von uns selbst und immer mehr als eigenständige, dafür aber ständig unbefriedigte Anteile.

All diese Anteile repräsentieren im Grunde unerfüllte Bedürfnisse, die ein Eigenleben entwickelt haben und unser Verhalten steuern, um zu bekommen, was sie brauchen. Auf diese Weise entstehen unerwünschte Verhaltensweisen, die wir meist deshalb ablehnen, weil sie uns das Gefühl geben, nicht im Einklang mit uns selbst zu sein. Genau genommen spüren wir hier sehr deutlich, was das eigentliche Problem ist, denn wären wir im Einklang mit uns selbst, würde sich dies durch unser Verhalten widerspiegeln, es gäbe dann nichts an uns selbst, womit wir nicht im Frieden wären.

Was wir bei unerwünschten Verhaltensweisen leider meist übersehen, ist die Tatsache, dass diesen eine positive Absicht zu Grunde liegt, lediglich der zur Erreichung dieser Absicht gewählte Weg entspricht nicht unbedingt einer positiven Vorgehensweise.

Hier ist Nachsicht mit sich selbst gefragt, vielleicht erinnern Sie sich an die Grundannahme im NLP, die ich im Kapitel über Kommunikation bereits angesprochen habe: Jede menschliche Haltung ist immer positiv motiviert, daraus lässt sich schließen, dass jeder Mensch, unabhängig von seinem Verhalten, grundsätzlich richtig und gut ist. Das einzige zu bewertende Kriterium ist das Verhalten, das zur Erreichung eines Ziels gewählt wird. Dieses Verhalten kann gut oder schlecht, richtig oder falsch, konstruktiv oder destruktiv sein, nicht aber der Mensch selbst.

Auch hier zeigt sich wieder, wie enorm wichtig es ist, diese Grundannahme zu verinnerlichen und sie nicht nur anderen gegenüber, sondern an erster Stelle auch sich selbst gegenüber gelten zu lassen!

Ziel der Core-Transformation ist es somit, Sie wieder zurück zu führen in den Zustand des Einsseins mit sich selbst und der Welt um Sie herum. Dies geschieht über Umwege, indem Sie mit Ihren einzelnen, scheinbar korrumpierenden Anteilen in Verbindung treten und diese wieder in den Core-Zustand zurückführen. Sie werden diese Technik also nicht nur einmal anwenden, sondern so oft, bis Sie mit sich selbst wieder – oder möglicherweise zum ersten Mal in Ihrem Leben – vollständig im Einklang sind. Die Technik der Core-Transformation besteht aus zehn verschiedenen Schritten, von denen die ersten fünf mindestens angewendet werden müssen. Die anderen fünf Schritte dienen lediglich zur Ergänzung in bestimmten Fällen.

Wie Sie diese Schritt-für-Schritt-Technik eigenständig durchführen können, werde ich im Folgenden ausführlich erläutern. Bitte nehmen Sie sich zur Durchführung dieser Methode ausreichend Zeit – mindestens zwei bis maximal drei Stunden – und sorgen Sie für eine störungsfreie Umgebung.

Die zehn Schritte der Core-Transformation:

Schritt 1: Den Teil zum Arbeiten auswählen

- Den Teil erfahren
- Ihn als zugehörig anerkennen
- Ihn willkommen heißen

Um überhaupt mit der Durchführung dieser Methode beginnen zu können, müssen Sie selbstverständlich zunächst einen Anteil auswählen, mit dem sie arbeiten möchten. Es empfiehlt sich, hier nicht gleich den Teil oder das Verhalten an Ihnen zu wählen, mit dem Sie am meisten im

Unfrieden sind. Wenn Sie diese Technik zum ersten Mal anwenden, sollten Sie sich die Zeit geben, ein Gefühl dafür zu entwickeln. Würden Sie hier etwas zur Transformation wählen, womit Sie stark im Unfrieden sind, könnte Ihr eigener, innerer Widerstand dafür sorgen, dass Sie scheitern, bevor Sie begonnen haben. Wählen Sie also weise und suchen sich eine Eigenschaft Ihres Selbst aus, die Sie vielleicht nicht besonders lobenswert finden, die Sie aber trotzdem tolerieren können.

Wenn Sie für sich eine Wahl getroffen haben, geht es darum, den Teil von Ihnen, der diese zu transformierende Eigenschaft repräsentiert, überhaupt erst einmal kennen zu lernen, ihn zu erfahren. Dafür schließen Sie Ihre Augen und beginnen, in sich hinein zu spüren. Suchen Sie nach diesem Anteil, laden Sie ihn ein, mit Ihnen in Kontakt zu treten, und warten Sie, ob Sie eine Reaktion in Ihrem Inneren spüren. Sie können dies tun, indem Sie zum Beispiel gedanklich sagen: „Ich suche nach dem Anteil von mir, der für Verhaltensmuster X verantwortlich ist. Ich möchte dich gerne kennen lernen, komm bitte zu mir."

Bleiben Sie nun still und richten Ihre gesamte Aufmerksamkeit nach innen. Seien Sie geduldig dabei, manchmal dauert es etwas, bis Sie eine spürbare Reaktion vernehmen. Diese kann in Form von Gefühlen auftreten, sowohl rein emotional als auch körperlich. Beschreiben Sie sich nun selbst, wie sich dieser Anteil anfühlt, zieht sich Ihr Magen oder Ihr Herz zusammen, verkrampfen Ihre Muskeln, spannt sich Ihr Körper an? Vielleicht verspüren Sie auch nur vage Gefühle wie Enge oder Weite, oder Sie nehmen lediglich eine Form oder Farbe wahr.

Hier gibt es kein Richtig oder Falsch, kein Zuviel oder Zuwenig. Was immer Sie wahrnehmen, ist eine gültige Antwort und muss ernst genommen und vor allem erfahren werden. Öffnen Sie sich für sämtliche Eindrücke und Gefühle, die nun als Reaktion auf Ihre Einladung auftreten, und durchleben Sie diese, auf diese Weise erfahren Sie den Teil, den Sie transformieren möchten. Wenn Ihnen dies gelungen ist, sollten Sie diesen Teil begrüßen und als Ihnen zugehörig anerkennen. Tun Sie dies, indem Sie wieder in Gedanken mit diesem Teil sprechen: „Ich danke dir, dass du zu mir gekommen bist, und freue mich, dich als Teil meiner Selbst erfahren zu dürfen!"

Schritt 2: Absicht entdecken

Nachdem Sie mit Ihrem Anteil nun in einen ersten Kontakt getreten sind und diesen spürbar erfahren haben, ist es an der Zeit, eine Kommunikation mit ihm aufzubauen. Wenn Sie diesen Anteil transformieren möchten, müssen sie verstehen, welche Absicht er verfolgt, oder anders ausgedrückt, welches Bedürfnis er zu erfüllen versucht.

Stellen Sie also die Frage in ihrem Kopf: „Was ist der Grund für dein Verhalten, was möchtest du damit erreichen?" Lauschen Sie nun wieder konzentriert in sich hinein, die Antwort kann, muss aber nicht in Worten erfolgen. Wenn Sie noch ungeübt sind oder es sich um einen Anteil handelt, den Sie bisher sehr stark verdrängt haben, werden Sie diese Absicht eher intuitiv fühlen, als sie in Worten wahrzunehmen. In diesem Fall ist es Ihre Aufgabe, das, was Sie spüren, in Worte zu fassen, um den Anteil dann zu fragen, ob Sie ihn richtig verstanden haben.

Für den leichteren Umgang mit solchen wenig kommunikativen Anteilen empfiehlt es sich, an dieser Stelle eine Ja-Nein-Kommunikation zu etablieren. Dies können sie erreichen, indem sie den Anteil nacheinander bitten, für die Verständigung ein Ja und ein Nein durch bestimmte Gefühle festzulegen.

Wenn Sie dies geschafft haben, steht einer erfolgreichen Arbeit nichts mehr im Wege, auch wenn dieser Anteil sich ansonsten nur in Gefühlen und Bildern ausdrückt. Sobald Sie die Absicht, die dem Verhalten zu Grunde liegt, vollkommen verstanden haben, ist es wichtig, dass Sie diesem Teil gegenüber anerkennen, dass die Absicht hinter seinem Verhalten nicht nur positiv ist, sondern Sie ihm auch dankbar für diese

Absicht sind. Machen Sie sich bewusst, was auch immer dieser Teil will, es ist ein Teil von Ihnen selbst und alles, was gut für diesen Teil ist, ist somit auch gut für Sie selbst.

Schritt 3: Ergebniskette entdecken

Nachdem Sie nun herausgefunden haben, welche Absicht bzw. welches unerfüllte Bedürfnis hinter dem unerwünschten Verhalten, das dieser Teil repräsentiert, steckt, bitten Sie diesen zunächst einmal, Ihnen zu zeigen, wie er sich fühlen würde, wenn er sein Ziel erreicht.

Tauchen Sie dann in dieses Gefühl ein, erleben Sie alles, was im Zusammenhang damit in Ihnen erscheint. Doch dann geht es weiter, denn Ihr Ziel ist es ja, diesen Teil in den Core-Zustand zurückzuführen und den haben Sie noch nicht erreicht. Fragen Sie nun also, was der tiefere Sinn hinter der Erreichung dieses Ziels ist, zu welchem noch wichtigeren Ziel soll dieses Teil-Ziel führen? An dieser Stelle gehen Sie noch einmal eine ganze Ebene tiefer auf Entdeckungsreise in Ihr inneres Selbst. Es kann an dieser Stelle vorkommen, dass die Kommunikation kurz ins Stocken gerät, da dieser Anteil bisher so damit beschäftigt war, sein erstes Ziel zu erreichen, dass er sich erst bewusst machen muss, wohin er eigentlich genau will. Geben Sie sich also Zeit und seien Sie sehr aufmerksam, um die Antwort wahrnehmen zu können. Sobald Sie eine Antwort erhalten haben, können Sie wieder vorgehen wie zuvor.

Erkennen Sie die positive Absicht an, bringen Sie ihre Dankbarkeit zum Ausdruck und erleben Sie das Gefühl des angestrebten Ergebnisses. Diese Schritte müssen Sie unter Umständen viele Male wiederholen, bis die Ergebniskette vollständig ist, Sie erkennen, dass das Ziel erreicht ist, indem Sie den Core-Zustand erreichen. Auf dem Weg dahin wird sich jedes Glied der Ergebniskette besser und besser anfühlen, bis ein absolutes Maximum an Frieden, Geborgenheit, Liebe und Freiheit erreicht ist. Es handelt es sich um einen Zustand, der sich mit „wunschlos glücklich" beschreiben lässt, diesen können Sie nicht verfehlen.

Schritt 4: Core-Zustand erreichen und genießen
Dieser Schritt ist relativ selbsterklärend, Sie müssen an dieser Stelle nicht mehr tun, als so tief wie möglich in diesen Zustand einzutauchen. Öffnen Sie sich so weit wie möglich dafür und genießen Sie die damit verbundenen Gefühle. Nehmen Sie sich dafür so viel Zeit, wie Sie wollen.

Schritt 5: Ergebniskette revidieren
Wenn Sie den Core-Zustand ausgiebig genossen haben, ist es an der Zeit, die Ergebniskette, die Sie dorthin geführt hat, zurück zu gehen. Sie tun dies, um jede einzelne Absicht dieser Ergebniskette mit dem Core-Zustand zu transformieren. Sie nehmen das Core-Gefühl also mit und fragen diesen Anteil nun folgendes: „Wenn du dieses Endziel erreicht hast und dieses Gefühl zu einem festen Bestandteil deines Seins geworden ist, wie verändert dies dann die vorige Absicht, die uns hierhergeführt hat?" Durchleben Sie auch hier wieder die nochmals veränderten Gefühle, die Sie als Antwort erhalten, und arbeiten sich auf diese Art zurück bis zum Ausgangspunkt. An dieser Stelle werden Sie deutlich spüren, wie sich etwas in Ihnen löst.

Wenn da zu Beginn ein Knoten war, wird dieser platzen, wenn Sie Enge gespürt haben, wird diese sich zu Weite transformieren, wo vorher Dunkelheit war, wird Licht erstrahlen. Dies ist das Signal, dass Sie am Ende angekommen sind und die Arbeit nun beenden können. Nehmen Sie sich Zeit und beenden Sie die Sitzung nicht zu abrupt. Verweilen Sie noch ein wenig gemeinsam mit diesem Anteil und dem Core-Gefühl, bis sie sich verabschieden, die Augen öffnen und langsam in Ihre irdische Realität zurückkehren.

Die nun folgenden Schritte 6 – 10 sind optional und nur in bestimmten Fällen anzuwenden.

Schritt 6: Einen Teil erwachsen werden lassen
Hin und wieder kann es vorkommen, dass Sie während der Arbeit mit

dieser Methode auf einen Anteil stoßen, der in seiner Entwicklung stehen geblieben und noch nicht erwachsen ist. Dies werden Sie bereits in Schritt 1 oder spätestens Schritt 2 bemerken, einfach durch die Art und Weise, wie der Anteil, mit dem Sie arbeiten, reagiert und wie er sich anfühlt.

Sobald Sie dies feststellen, unterbrechen Sie die Arbeit und arbeiten zunächst Schritt 6 ab. Dies können sie ganz einfach tun, indem Sie dem Anteil bewusst machen, dass Sie selbst inzwischen erwachsen geworden sind. Dass sie stark, verantwortungsvoll und in der Lage sind, auf eigenen Beinen durchs Leben zu gehen. Öffnen Sie sich für diesen Anteil und lassen ihn Ihre Wahrheit erfahren, laden Sie ihn dann ein, sich zu integrieren, indem er selbst die verpasste Entwicklung aufholt und erwachsen wird. Machen Sie sich und diesem Anteil klar, dass dieses Erwachsenwerden allein dadurch geschehen kann, dass er sich Ihnen vertrauensvoll anschließt.

Lassen Sie dem Anteil Zeit und bedrängen ihn nicht, im Normalfall wird diese Integration innerhalb weniger Minuten stattfinden und sie werden deutlich spüren, wenn es soweit ist, da sich die Reaktionsweise des Anteils verändert.

Schritt 7: Den Teil vollständig in den eigenen Körper integrieren

Ähnlich wie in Schritt 6 beschrieben kann es vorkommen, dass Sie während der Arbeit mit Ihrem Anteil spüren, dass dieser sich außerhalb Ihres Körpers befindet. Sie können seine Antworten dann zwar in Ihrem Innern spüren, es fühlt sich aber anders an, so als würden diese Antworten von außen kommen. Anteile, die nicht erwachsen sind oder sich außerhalb des Körpers befinden, entstehen häufig durch traumatische Erlebnisse. Diese sorgen dafür, dass ein Anteil in seiner Entwicklung stecken bleibt oder sogar verloren geht, weil seine Bedürfnisse durch das ungelöste Trauma vollkommen überdeckt wurden.

In diesem Fall ist es am wichtigsten, dem Anteil zu vermitteln, dass er jetzt sicher bei Ihnen ist, dass Sie nun erwachsen und in der Lage sind, ihn vor zukünftigen Verletzungen zu beschützen. Nehmen Sie Kontakt zu Ihrer inneren Kraftquelle auf und leiten das Gefühl an diesen Anteil weiter, dann laden Sie ihn liebevoll ein, sich wieder vollständig in Ihren Körper zu integrieren.

Auch diesen Vorgang werden Sie deutlich spüren können und anschließend wird die Kommunikation um einiges klarer verlaufen. Geben Sie auch in diesem Fall dem Anteil genügend Zeit und Raum, um ausreichend Vertrauen zu fassen, bedrängen Sie ihn nicht. Sollte er sich tatsächlich nicht integrieren wollen, beenden Sie die Übung und setzen diese zu einem späteren Zeitpunkt an dieser Stelle fort.

Schritt 8: Die Ergebniskette mit dem erwachsengewordenen oder integrierten Teilerneut revidieren

Wenn Sie Schritt 6 oder 7 bereits ausgeführt haben, bevor Sie mit Schritt 5 begonnen haben, können Sie an dieser Stelle einfach zu Schritt 5 zurückspringen und damit die Sitzung beenden. Sollten Sie aber erst sehr spät bemerkt haben, dass etwas nicht stimmt, was normalerweise spätestens während Schritt 5 geschehen würde, ist es wichtig, dass Sie den fünften Schritt, das Revidieren der Ergebniskette, noch einmal vollständig mit dem nun erwachsenen oder integrierten Teil wiederholen.

Schritt 9: Nach opponierenden Teilen Ausschau halten

Wenn es Ihnen gelingt, ohne Störungen oder auftretende Probleme die Schritte 1-5 zu durchlaufen, können Sie diesen Schritt getrost auslassen. Sollten aber Probleme auftreten, sei es, dass Sie auch Schritt 6 oder 7 durchführen müssen oder dass Sie anderweitig das Gefühl haben, dass irgendwo ein blockierender Faktor vorhanden ist, sollten Sie sich auch für diesen Schritt die Zeit nehmen. Dafür richten Sie zunächst Ihren Fokus auf das blockierende Gefühl und richten dann die Frage nach innen, ob es noch einen oder mehrere andere Anteile gibt, die nicht damit einverstanden sind, dass der Teil, mit dem Sie bisher gearbeitet haben, in den Core-Zustand geführt wird. Es kann mitunter vorkommen, dass es Anteile gibt, deren Bedürfnis gesehen und gehört zu werden so stark ist, dass sie es nicht zulassen können, wenn Sie sich statt mit Ihnen mit einem anderen Teil beschäftigen. In diesem Fall müssen Sie die gesamte Core-Transformation auch mit diesen Anteilen durchführen.

Schritt 10: Generalisierung der Timeline

Dieser abschließende Schritt dient der Festigung des erreichten Core-Zustandes, Sie können ihn ausführen, wenn Sie noch die Energie dafür haben, er ist aber kein Muss. Bei der sogenannten Timeline-Arbeit geht es darum, die Zeitlinie Ihres gesamten Lebens in Gedanken vor Ihnen auszubreiten und gemeinsam mit dem Teil von Beginn an bis in die Zukunft zu durchlaufen.

Hierbei können sie die Veränderungen erleben, die sich in Ihrem Verhalten und Empfinden durch die Transformation ergeben haben. Auf diese Art gewinnen Sie Vertrauen in diesen neuen Zustand und können das Core-Gefühl noch einmal in vollen Zügen genießen.

PERSÖNLICHE ZIELE ERREICHEN MIT DER DISNEY-STRATEGIE

Wie unschwer zu erraten ist, geht die Disney-Strategie auf Walt Disney zurück, den weltbekannten Mitbegründer der Disney-Corporation. Walt Disney war ein besonders kreativer Mensch, der über stark ausgeprägte Visionen und lebhafte Träume für sein Leben verfügte. Deshalb entwickelte er eine Strategie, die ihm dabei helfen sollte, diese so gut wie möglich zu verwirklichen.

Dafür unterteilte er den Prozess der Zielsetzung in drei verschiedene Phasen, die er sowohl zeitlich als auch räumlich voneinander trennte. Diese verschiedenen Phasen wurden durch verschiedene Personen oder auch Positionen vertreten: Den *kreativen Träumer* für Phase 1, den *realistischen Planer* für Phase 2 und den *konstruktiven Kritiker* für Phase 3.

Im nächsten Schritt gab Disney jeder dieser drei „Personen" einen eigenen, realen Raum, der so eingerichtet und ausgestattet war, dass die jeweilige Person durch den Raum optimal unterstützt werden konnte. So war der Raum des kreativen Träumers besonders bunt und vielfältig eingerichtet und verfügte über eine Vielzahl an interessanten optischen Stimuli sowie einer großen Auswahl an Tools für verschiedenste kreative Arbeiten. Der Raum des realistischen Planers hingegen zeichnete sich durch ein offenes und Klarheit vermittelndes Konzept mit wenig ablenkenden Stimuli aus und der Raum des konstruktiven Kritikers ähnelte dem des Planers, war aber etwas gemütlicher eingerichtet. Aber keine Sorge, Sie müssen nicht extra drei Zimmer in Ihrer Wohnung oder Ihrem Haus herrichten, um mit der Disney-Strategie arbeiten zu können.

Ich habe diese Räume lediglich deshalb etwas näher beschrieben, um den energetischen Aspekt dieser Räume hervorzuheben. Wenn Sie diese Technik für sich selbst anwenden, können Sie diese innerhalb eines Raumes durchführen und wählen dafür einfach drei verschiedene Positionen innerhalb des Raums. Währenddessen versetzen Sie sich jedoch in Gedanken in einen entsprechenden eigenen Raum, den Sie zuvor in Ihrem Geist kreiert haben.

Schritt 1:

Markieren Sie drei verschiedene Stellen im Raum optisch gut erkennbar. Dafür könnten sie zum Beispiel Zettel nehmen, auf die Sie die Namen der Positionen aufschreiben oder Gegenstände in verschiedenen Farben aufstellen, denen Sie vorher die verschiedenen Positionen zugeordnet haben. Die drei verschiedenen Positionen sollten möglichst etwas voneinander entfernt sein, sodass mindestens 1 m Abstand dazwischen liegt. Ist dies auf Grund der Größe des Raumes nicht möglich, können Sie selbstverständlich auf weitere Räume ausweichen.

Schritt 2:

Bevor Sie mit der eigentlichen Arbeit beginnen, stellen Sie sich nacheinander kurz auf jede einzelne Position und verweilen dort für einen kurzen Augenblick. Auf diese Art bekommen Sie ein Gefühl für diese Strategie und können noch kleine Änderungen vornehmen, sollte sich etwas nicht stimmig anfühlen. So könnte zum Beispiel der gewählte Ort für eine oder mehrere Positionen noch einmal korrigiert werden.

Schritt 3:

Wenn sich nach Schritt 2 alles stimmig anfühlt, beginnen Sie mit der tatsächlichen Durchführung der Strategie und nehmen die Position des kreativen Träumers ein. Schließen Sie dabei Ihre Augen und begeben sich im Geiste in den inneren Raum, den Sie für den Träumer kreiert haben.

Schritt 4:

Versetzen Sie sich nun in eine Zeit zurück, in der Sie wirklich kreativ waren, und versuchen sie, diese Erinnerung so lebhaft wie möglich nachzuempfinden. Was haben Sie gefühlt, als Sie sich kreativ betätigt haben? Wie haben Sie Ihre Kreativität ausgelebt?

Entdecken Sie die Freude, die diese Tätigkeiten Ihnen gebracht haben, wieder und holen Sie dieses Gefühl in den Vordergrund. Wenn Sie von dem Gefühl der Kreativität und Freude vollkommen erfüllt sind, lenken Sie den Fokus auf Ihre Idee und überlassen nun dem Träumer die Führung. Lassen Sie ihn mit Ihrer Idee spielen und eigene Pläne entwickeln, neue Details hinzufügen oder vorhandene ausschmücken. Besonders wichtig: Bewerten Sie hier nichts nach Durchführbarkeit! Dies ist der Raum des kreativen Träumers, er malt ein Bild, wie es ihm gefällt, und darf dabei nicht eingeschränkt werden. Die Umsetzung dieses Bildes in die Wirklichkeit ist nicht seine Aufgabe!

Schritt 5:

Wenn der Träumer sich vollständig ausgetobt hat, ist es an der Zeit, diese Position zu verlassen und eine kurze Pause einzulegen. Nehmen Sie sich etwas Zeit, wieder in einen neutralen Zustand zu gelangen, während Sie die Ergebnisse, die Ihnen der Träumer geliefert hat, in Ihrem Geist sortieren.

Schritt 6:

Stellen Sie sich nun auf die Position des realistischen Planers, schließen Sie Ihre Augen und begeben sich im Geiste in den inneren Raum, den Sie für den Planer konstruiert haben.

Versetzen Sie sich dann in eine Zeit zurück, in der Sie in der entsprechenden emotionalen Energie waren und Ihre Pläne in die Wirklichkeit umgesetzt haben. Versuchen Sie auch hier wieder, die Gefühle, die diese Tätigkeit in Ihnen hervorgerufen hat, nach vorn zu holen und sich davon erfüllen zu lassen. Wenn Ihnen das gelungen ist, können Sie sich eine Idee des Träumers aussuchen, die der Planer in die Tat umsetzen soll. Hören Sie ihm zu, was er zu dieser Idee zu sagen hat, überlegen Sie gemeinsam, wie sich diese Idee am besten und realistischsten umsetzen ließe.

Schritt 7:

Verlassen sie nun die Position des Planers und legen wieder eine kurze Pause ein, um die Ergebnisse im Geiste zu sortieren und sich in eine neutrale, emotionale Stimmung zu begeben.

Schritt 8:

Nun ist es an der Zeit, zu sehen, was der konstruktive Kritiker zu Ihren

Plänen zu sagen hat. Nehmen Sie dafür seine Position ein, schließen Sie die Augen und begeben sich im Geiste in den inneren Raum, den Sie für den Kritiker eingerichtet haben. Versetzen Sie sich nun in eine Zeit zurück, in der Sie einen klaren Blick auf Ihre Stärken und Schwächen hatten und gut erkennen konnten, welche Teile eines Plans realistisch umsetzbar waren und welche noch einmal überarbeitet werden müssten. Gehen Sie genauso vor wie beim Träumer und Planer und versetzen Sie sich in die emotionale Energie eines konstruktiven Kritikers.

Überprüfen Sie dann gemeinsam mit Ihrem Kritiker die Pläne, die Sie mit dem Träumer und dem Planer entwickelt haben. Spüren Sie genau hinein, um festzustellen, ob Sie irgendwelche Schwachstellen darin finden können oder möglicherweise etwas übersehen haben, das der Umsetzung des Plans im Wege stehen könnte.

Wenn an dieser Stelle noch der eine oder andere kritische Einwand auftaucht, ist das eine gute Sache, die dazu führt, dass ihre Pläne noch einmal ein ganzes Stück realisierbarer werden. So wissen Sie im Anschluss an die Durchführung dieser Strategie genau, was sie zu tun haben, und können damit beginnen, Ihre Pläne in die Tat umzusetzen.

UNGENUTZTES POTENTIAL ERSCHLIEẞEN MIT DER MENTOR-TECHNIK

Sicher haben Sie schon einmal davon gehört, dass der Mensch lediglich 20 % seines Gehirns tatsächlich nutzt. Daraus lässt sich schließen, dass in jedem Menschen eine ungeheure Menge an unerschlossenem Potential schlummert. Wäre es nicht wundervoll, wenn Sie in der Lage wären, zumindest einen Teil dieses schlummernden Potentials zu wecken und nutzbar zu machen? Mit der Mentor-Technik ist genau dies möglich, denn Sie wurde zu eben diesem Zweck entwickelt. Erreichen will diese Technik Ihr Ziel, indem sie die durch Glaubenssätze entstandenen

Beschränkungen des Geistes umgeht, was durch einen Perspektivwechsel geschehen kann. Zu diesem Zweck erschaffen Sie sich eigene, virtuelle Mentoren, die es Ihnen ermöglichen, diesen Perspektivwechsel durchzuführen und so Ihren Horizont zu erweitern und Ihre innere Weisheit zu entdecken. Auch diese Technik arbeitet somit mit Ihrer Vorstellungskraft, die Sie ja bereits zu Beginn dieses Buches geschult haben.

Schritt 1:

Zu Beginn müssen Sie sich für eine problematische Situation aus Ihrem Leben entscheiden, die Sie mithilfe dieser Technik bearbeiten wollen.

Schritt 2:

Im nächsten Schritt geht es darum, diese Situation im Geiste vollständig zu durchleben, ganz so, wie Sie es bei den Übungen zur Verbesserung der inneren Wahrnehmungsfähigkeit gemacht haben. Beziehen Sie dabei sämtliche Wahrnehmungskanäle ein und lassen Sie alle auftretenden Gefühle ungefiltert zu. Spielen Sie dabei alle möglichen Lösungsansätze, die Ihnen einfallen, im Geiste durch.

Schritt 3:

Wenn Sie die problematische Situation inklusive sämtlicher nicht zur Lösung des Problems führenden Lösungsansätze vollständig durchlebt haben, kehren Sie wieder in die Gegenwart zurück und fokussieren sich in der Energie der Gegenwart. Lösen Sie sich von den Gefühlen, die die problembeladene Situation in Ihnen ausgelöst hat. Jetzt dürfen sie kreativ werden: Überlegen Sie sich drei Mentoren, die Ihnen helfen sollen, das Problem zu lösen.

Ein Mentor ist ein wohlmeinender Berater und sie können diese Rollen ganz nach eigenem Belieben realen Menschen wie Freunden und Verwandten oder fiktiven Personen wie Film- oder Märchenfiguren zuweisen. Wichtig ist jetzt, dass es Ihnen gelingt, sich in diese drei von

Ihnen erschaffenen Personen so gut wie möglich hineinzuversetzen.

Schritt 4:

Versetzen Sie sich nun nacheinander vollständig in die Position dieser Mentoren und nehmen Sie die Perspektive dieser Person ein. Dafür müssen sie Ihr eigenes Ich oder Ihr Ego abstreifen und sich genau überlegen, wie diese Person denkt und fühlt, welchen Erfahrungshintergrund sie hat und über welche Eigenschaften Sie verfügt.

Auf der Basis dieses Wissens können Sie dann in die Person „hineinschlüpfen" wie ein guter Schauspieler, der in seiner Rolle vollkommen aufgeht.

Ergründen Sie, wie jeder einzelne dieser Mentoren die Situation bewertet und was für Lösungsansätze nun in Ihnen auftauchen.

Schritt 5:

Nehmen Sie sich nach Beendigung dieser Übung Zeit, die jeweiligen Positionen Ihrer Mentoren genau zu reflektieren, und gleichen Sie deren Vorschläge mit Ihren eigenen ab. Was haben Sie selbst übersehen, das Ihre Mentoren wahrnehmen konnten und das vielleicht zur Lösung des Problems beitragen kann? Wie lässt sich erklären, dass der jeweilige Mentor etwas gesehen hat, das Ihnen nicht aufgefallen ist? Erkennen Sie den Sinn und Wert eines solchen Perspektivwechsels und beherzigen Sie die Ratschläge Ihrer Mentoren.

Bei der Mentoren-Technik handelt es sich um eine relativ einfache Technik, wenn Sie einmal darin geübt sind. Der Vorteil, den diese Technik Ihnen bietet, liegt auf der Hand: Je öfter Sie damit arbeiten, umso mehr erhöhen Sie Ihre geistige Flexibilität und die Fähigkeit, sich in andere hineinzuversetzen. Gleichzeitig erweitern Sie Ihre Problemlösungsfähigkeiten und stärken damit Ihr Selbst.

ÄNGSTE VOR BESTIMMTEN PERSONEN ABBAUEN MIT DER ANGSTGEGNER-TECHNIK

Gibt es in Ihrem Leben Personen, die Ihnen Angst machen oder Sie einschüchtern? Dann haben Sie mit dieser Technik genau das richtige Werkzeug gefunden, dem ein Ende zu bereiten und sich niemandem gegenüber je wieder klein fühlen zu müssen!

In nur fünf Schritten können Sie so jeden noch so furchteinflößenden „Gegner" schrumpfen lassen und so in Ihre eigene Selbstsicherheit und Stärke finden, damit die nächste Begegnung mit dieser Person für Sie vollkommen entspannt verläuft und die Person ihre Macht über Sie verliert.

Schritt 1:

Im ersten Schritt lenken Sie Ihren Geist auf die betreffende Person, in deren Gegenwart Sie Angst, Unsicherheit, Nervosität oder ähnliche Gefühle verspüren. Erzeugen Sie vor Ihrem geistigen Auge ein Bild dieser Person und achten Sie darauf, wie Ihnen dieser Mensch erscheint.

Wie weit von Ihnen entfernt entsteht das Bild der Person, befindet sie sich sehr nah oder etwas weiter entfernt? Ist die Person genauso groß wie in der Realität oder wirkt sie größer, als sie in Wahrheit ist? Welche Gefühle ruft dieses Bild in Ihnen wach? Ergründen Sie sämtliche Details dieser Vision und vergleichen diese mit der Realität, dies liefert Ihnen bereits gute Hinweise darauf, wie realistisch oder verzerrt Sie diesen Menschen wahrnehmen.

Schritt 2:

Nehmen Sie der Person jetzt Ihre Macht, indem Sie sich vorstellen, sie befände sich in einem winzigen Schwarzweiß-Fernseher, der links vor Ihnen auf dem Boden steht. Richten Sie Ihren Blick mit geschlossenen Augen in diese Richtung, während Sie das Bild vor Ihrem geistigen Auge projizieren. Dadurch sprechen Sie Ihre rechte Gehirnhälfte an, die für rationale Denkvorgänge zuständig ist, und lenken den Fokus somit weg von Ihren Gefühlen und hin zu einer rationalisierten Betrachtung der Person. Das Bild des Schwarzweiß-Fernsehers soll diesem Menschen zusätzlich die Macht nehmen, indem es ihn auf eine nicht reale Figur – eine Figur im Fernsehen, die nicht einmal farbig ist – reduziert.

Schritt 3:

Nehmen Sie sich nun etwas Zeit, die betreffende Person in dem kleinen Fernsehgerät zu betrachten, und ergründen Sie, wie sich die Wirkung dieses Menschen auf Sie verändert hat. Was empfinden Sie nun beim Betrachten dieser „entmachteten" Gestalt?

Schritt 4:

Kehren Sie nun zu Ihrer ursprünglichen Vorstellung der Person zurück und lassen Sie diese Vision vor Ihrem geistigen Auge entstehen. Betrachten Sie diese kurz und lassen Sie die Person dann vor Ihrem geistigen Auge schrumpfen. Anschließend überlagern Sie das Bild dann wieder mit der Version im Fernseher links vor Ihnen auf dem Boden, entfernen Sie den Fernseher dabei um einige Meter von sich. Wiederholen Sie diesen Schritt nun acht bis zehn Mal.

Schritt 5:

Stellen Sie sich nun vor Ihrem geistigen Auge eine Situation in der Realität vor, in der Sie diesem Menschen begegnen, und achten Sie darauf, wie sich Ihre Gefühle verändert haben. Sollten Sie immer noch Angst verspüren, wiederholen Sie die gesamte Technik noch einmal, solange, bis sie am Ende angstfrei durch eine Konfrontation in Ihrer Vorstellung hindurchgehen können.

PHOBIEN SCHNELL AUFLÖSEN MIT DER FAST-PHOBIA-TECHNIK

Mit dieser Technik kann man Phobien innerhalb kürzester Zeit einfach auflösen, dabei könnte man der Methode auch den Namen „Kopfkino" geben, und zwar im wahrsten Sinne des Wortes.

Die Vorgehensweise erfordert nämlich das Durchspielen einer Phobie auslösenden Situation in Form eines Kinofilms, den Sie anfangs als Zuschauer im Kinosaal ansehen und später als Hauptdarsteller selbst erleben. Wir arbeiten hier also mit bewusster Dissoziation und Assoziation, also der bewussten Abtrennung vom eigenen Selbst während der Gefahrensituation und der späteren Wiederverbindung mit dem eigenen Selbst, wenn die Situation aufgelöst wird. Wie Sie genau vorgehen müssen, erfahren Sie in der folgenden Schritt-für-Schritt-Anleitung.

Schritt 1:

Versetzen Sie sich mithilfe Ihrer inneren Wahrnehmungsfähigkeit in eine angstbeladene Situation und durchleben Sie diese. Achten Sie genau auf sämtliche auftretende Gefühle und körperliche Wahrnehmungen, lassen Sie alles zu. Wenn es Ihnen schwer fällt, dies zu tun, machen Sie sich bewusst, dass Sie in Sicherheit sind, Sie können dies während der Vorstellung in Ihrem Kopf als Mantra aufsagen. Wenn Sie die Situation vollständig durchlebt haben, öffnen Sie die Augen und entfernen sich geistig von der Vorstellung, bringen Sie eine Distanz zwischen sich und die angstauslösende Situation sowie die Gefühle, die diese begleiten.

Schritt 2:

Wenn Sie innerlich wieder ruhig und gelassen sind, schließen Sie Ihre Augen erneut und stellen sich vor, Sie würden in einem Kinosaal sitzen und die betreffende Situation als Schwarzweiß-Film auf der Leinwand betrachten, die Hauptrolle spielt dabei ein Double von Ihnen. Somit sind

Sie dissoziiert – abgetrennt – von der potenziellen Gefahr und können die gesamte Situation in Ruhe betrachten, ohne dass für Sie eine spürbare Bedrohung entsteht. So gewinnen Sie Abstand zu Ihrer Phobie und nehmen Ihr die Kraft. Genau wie bei der Angstgegner-Technik wird der Phobie hier durch die Schwarzweiß-Einfärbung der Realitätsfaktor entzogen.

Schritt 3:

Lassen sie den Film nun ablaufen und erleben Sie von außen, wie Ihr Double die bedrohliche Situation durchlebt und sich immer mehr der Gefahr nähert. Bleiben Sie dabei auch emotional dissoziiert, denn Sie betrachten ja nur einen Film.

Schritt 4:

Wenn der Film den schlimmstmöglichen Moment erreicht hat, also den Moment, in dem Ihr Double direkt mit der Gefahr konfrontiert wird, halten Sie den Film an, als würden Sie die Pausetaste auf einem DVD-Player drücken. Betrachten Sie nun eine Weile das so entstandene Standbild.

Schritt 5:

Nun ist es an der Zeit, sich mit Ihrem Double zu verbinden, also zu assoziieren. Gehen Sie in den Film hinein, während er sich noch im Standbildmodus befindet. Dadurch verändert sich Ihre Beobachterperspektive, Sie erleben den Film jetzt nicht mehr als Zuschauer, sondern stattdessen am eigenen Leib, Sie sind jetzt selbst der Hauptdarsteller und sehen alles durch die eigenen Augen. Bringen Sie nun Farbe in den Film, solange er sich noch im Standbild befindet, und machen die Situation somit wieder realistischer.

Schritt 6:

Im vorletzten Schritt lassen Sie den Film nun schnell zurücklaufen, während Sie sich selbst darin befinden. Sobald Sie am Anfang des Films angelangt sind, können sie die Augen wieder öffnen.

Schritt 7:

Wiederholen Sie die gesamte Übung nun mindestens fünf Mal und testen im Anschluss ihre emotionale Reaktion auf Schritt 1. Diese sollte nun bereits erheblich entschärft, wenn nicht sogar bereits aufgelöst sein. Sollte dies noch nicht der Fall sein, wiederholen Sie die Übung noch einige weitere Male, Schritt für Schritt. Sobald Sie keinerlei emotionale Reaktion bei Schritt 1 mehr verspüren, können Sie die Übung als beendet betrachten und das Ergebnis bei passender Gelegenheit in der Realität testen.

STEIGERN SIE IHRE ALLGEMEINE LEBENSMOTIVATION MITHILFE DER SMART-METHODE

Damit Sie im Leben eine positive Grundeinstellung beibehalten können, benötigen Sie vor allem eins: Ziele, die Sie anstreben und auch erreichen können! Wer keinerlei Ziele im Leben hat, verliert mit der Zeit immer mehr die Lust daran, denn wahrhaftig zu leben bedeutet Entwicklung. Verkommt das Leben stattdessen zu einem reinen „Vor sich hin existieren", verliert es schnell seinen Reiz, da es nur noch ums Überleben geht. Der Mensch ist von Grund auf motiviert, nach Sinnhaftigkeit im Leben zu streben, das bedeutet, Ihr Leben muss sich für Sie sinnvoll anfühlen, denn dies ist eines Ihrer Grundbedürfnisse! Damit Sie beim Verfolgen Ihrer persönlichen Ziele nicht eine Niederlage nach der nächsten erleben, was irgendwann genauso demotivierend wäre, wie überhaupt keine Ziele zu haben, wurde die SMART-Methode entwickelt. Diese Methode dient dazu, Ihnen dabei zu helfen, Ihre Ziele auch zu erreichen. Dabei stellt die SMART-Methode absolut sicher, dass Ihnen dies auch gelingen wird, und zwar durch die Art der Zielsetzung.

SMART bezeichnet eine Abkürzung, bei der jeder Buchstabe für ein eigenes Wort steht, welches die einzelnen Schritte der Zielsetzung definiert. Schauen wir uns das in der folgenden Tabelle einmal genauer an:

S	Spezifisch	Das Ziel sollte so detailliert und präzise wie möglich ausgearbeitet sein: Wenn Sie in den Urlaub fahren möchten, wohin wollen Sie genau fahren, was wollen Sie dort tun, wie lange soll der Urlaub dauern, etc.?
M	Messbar	Die Erreichung des Ziels sollte messbar, also genau feststellbar sein: Wenn Sie Gewicht abnehmen möchten, wieviel Gewicht genau?
A	Attraktiv	Das Ziel muss attraktiv für sein, damit Sie genügend Motivation aufbauen können, um es bis zum Ende verfolgen zu können.
R	Realistisch	Setzen Sie sich Ziele, die Sie realistisch innerhalb der vorgegebenen Zeit erreichen können. Wenn Sie in den Urlaub fahren möchten, sind Sie in der Lage, das nötige Geld dafür aufzubringen? Erfordert das Erreichen des Ziels möglicherweise eines oder mehrere Teilziele? Definieren Sie diese als Meilensteine, erstellen Sie im nächsten Schritt eine Timeline!
T	Terminiert	Terminieren Sie Ihr Ziel und sämtliche eventuell vorhandenen Teilziele. Bis zu welchem Datum wollen Sie diese(s) erreicht haben?

Wie aus der Tabelle deutlich ersichtlich wird, ist jedes Ziel, das mithilfe der SMART-Methode formuliert wird, tatsächlich erreichbar. Dabei können Sie die Effektivität der Methode sogar noch steigern, indem Sie die einzelnen Schritte zueinander in Bezug setzen und am Ende als Gesamtbild betrachten.

Das Ergebnis sollten Sie zunächst in schriftlicher Form festhalten und irgendwo in Ihrer Wohnung oder Ihrem Haus anbringen, wo es für Sie gut und oft sichtbar ist, so gerät es nicht in Vergessenheit und die Motivation bleibt erhalten. Sie steigert sich sogar, je näher Sie ihrem Ziel kommen, denn dann können Sie zum Beispiel beginnen, erreichte Teilziele abzuhaken.

Gehen Sie das Gesamtbild, bevor Sie sich an die Umsetzung machen, auch einmal in Ihrer Vorstellung durch und durchleben Sie den Weg zum Ziel sowie das Erreichen desselben mithilfe Ihrer inneren Wahrnehmung. Beziehen Sie dabei wieder so viele Sinneseindrücke ein wie möglich und malen das Ganze in möglichst bunten Farben aus. Baden Sie in den positiven Gefühlen, die Sie auf diese Art erwecken, und leiten Sie die dabei entstandene Energie in Motivationsenergie um.

Auch diesen Vorgang sollten Sie so häufig wie möglich wiederholen, denn dies steigert nicht nur Ihre Motivation, sondern erleichtert Ihnen auch den Weg. Wie ich ja in einem früheren Kapitel bereits erwähnt habe, unterscheidet Ihr Gehirn nicht zwischen Realität und Vorstellung, somit ist dieses geistige Erleben gleichzusetzen mit einem mentalen Training zum Erreichen des Ziels. Alles was Sie tun müssen, um das Ziel zu erreichen, haben Sie somit schon mehrfach getan und müssen es lediglich wiederholen, wodurch auch das zum Kinderspiel wird.

Gewöhnen Sie sich an, jederzeit mindestens an einem Ziel mit dieser Methode zu arbeiten. Dabei spielt es keine Rolle, ob es sich dabei um kleine Ziele handelt wie das Erlernen einer bestimmten Fähigkeit, das Erreichen eines bestimmten Körpergewichts und das Ansparen einer bestimmten Geldsumme oder ob Sie sich größere Ziele setzen, für deren Erfüllung Sie längere Zeit benötigen. Wie bereits eingangs gesagt, geht es hier vor allem darum, Ihrem Leben mehr Qualität zu verleihen, indem Sie ihm einen Sinn geben.

STEIGERN SIE IHRE KONFLIKTLÖSUNGSFÄHIGKEITEN DURCH WAHRNEHMUNGSPOSITIONEN

Diese NLP-Technik wird auch als „1-2-3-Meta" bezeichnet und ähnelt ein wenig der Mentor-Technik, da sie ebenfalls mit einem Perspektivwechsel arbeitet.

Nutzen können Sie diese, um bestehende Konflikte mit anderen Menschen tiefergehend verstehen zu lernen und sich somit in die Lage zu versetzen, den Konflikt aufzulösen und das Auftreten ähnlicher oder gleichgestalteter Konflikte in der Zukunft gänzlich zu verhindern. Je mehr Sie sich in dieser Technik üben, desto stärker wird Ihre Verhaltens- und Erlebensflexibilität ausgeprägt. Dadurch werden Sie mit der Zeit nicht nur zunehmend in die Lage versetzt, Konfliktsituationen bereits im Keim zu ersticken, sondern auch, sich immer leichter in andere Menschen hineinzuversetzen und so deren Handlungsmotivationen zu verstehen.

Darüber hinaus lernen Sie mit dieser Methode, sich in eine höhere Perspektivebene hineinzuversetzen, die vollkommen frei von Bewertungen ist und somit das größte Erkenntnispotential in sich birgt. Um mit der „1-2-3-Meta-Methode" zu arbeiten, müssen Sie lernen, sich in drei verschiedene Wahrnehmungspositionen hineinzuversetzen, natürlich in Bezug auf eine bestehende Konfliktsituation.

Position 1:

In dieser Position sind Sie ganz bei sich, Sie befinden sich in Ihrem eigenen Körper und durchleben die Situation mithilfe Ihrer inneren Wahrnehmung noch einmal. Achten Sie dabei besonders auf Ihre eigenen Gefühle und die Motivationen, die sich hinter Ihren Handlungen und Aussagen verbergen, ergründen Sie diese so ehrlich wie möglich. In dieser Position ist es Ihnen nicht möglich, die Situation rein beschreibend und ohne Bewertung wahrzunehmen, dafür können Sie hier lernen, sich selbst zu hinterfragen und zu reflektieren. Auf diese Art lernen Sie sich selbst besser kennen und verstehen.

Position 2 – Der „referential index shift":

Nachdem Sie Position 1, also Ihre eigene Position, so vollständig wie möglich ergründet haben, wechseln Sie die Perspektive und schlüpfen in die Haut der Person, die außer Ihnen an dem Konflikt beteiligt ist. Sollte es sich um einen Konflikt handeln, an dem mehr als zwei Menschen beteiligt sind, sollten Sie diese Position nacheinander für alle beteiligten Personen einnehmen und ergründen.

Diese Position ist die am schwierigsten einzunehmende, denn Sie finden sich hier immer noch in einem nicht rein beschreibenden, sondern mehr bewertenden System, nur dass es sich dabei nicht um Ihre eigenen Bewertungen handelt, sondern um die der Person, in deren Rolle Sie schlüpfen. Dafür ist es erforderlich, den Wahrnehmungsfilter dieses Menschen anzunehmen, als wäre es Ihr eigener.

Dies mag noch relativ einfach erscheinen, wenn Sie diese Person und ihre Lebensgeschichte sehr gut kennen, sobald Sie dies aber einmal ausprobieren und anschließend die Gelegenheit haben, das Ergebnis mit entsprechenden Person abzugleichen, werden Sie sehen, dass es sich hierbei um eine wahre Kunst handelt, die Sie erst erlernen müssen.

Besonders anspruchsvoll wird diese Position natürlich dann, wenn es sich dabei um Menschen handelt, die Sie nicht gut kennen und über deren Erlebnishintergrund Sie so gut wie nichts wissen. Dann sind Sie gefordert, sich allein auf der Basis Ihres Einfühlungsvermögens und Ihrer Beobachtungsgabe in diesen Menschen hineinzuversetzen. Dafür schulen Sie diese Fähigkeiten durch das Einnehmen dieser Position stärker als mit jeder anderen Technik.

Sie sollten diese Übung so lange regelmäßig durchführen, bis Sie in der Lage sind, auch die Sinneswahrnehmungen und Körpergefühle der betreffenden Person zu übernehmen. Üben Sie dies besonders am Anfang mit Menschen, die sie gut kennen und zu denen Sie außerhalb des bestehenden Konflikts ein gutes Verhältnis haben. Das gibt Ihnen die Möglichkeit, Ihre Wahrnehmungen innerhalb dieser Position hinterher in einem Gespräch zu überprüfen. So können Sie am effektivsten aus den hier gesammelten Erfahrungen lernen und sich später auch an Menschen wagen, die Sie gar nicht kennen und über die Sie nichts wissen.

Wenn Sie es ganz ernst meinen, üben Sie vor allem zu Beginn auch mit Konflikten, an denen Sie selbst gar nicht beteiligt sind, das gibt Ihnen Gelegenheit, die Positionen 2 und 3, die am schwierigsten einzunehmen sind, noch häufiger zu trainieren.

Position 3 – Der „Ressource-State“:

Bei dieser Position nehmen Sie eine höhere, rein logische Ebene ein. Diese Ebene ist rein beschreibend und vollkommen frei von Bewertungen, gleichzeitig bietet Sie den umfangreichsten „Blick“ auf die Situation. Um sich das Einnehmen dieser Position zu erleichtern, können Sie sich vorstellen, die Konfliktsituation wäre ein Film, den Sie von außen ablaufen sehen, nur dass Sie in diesem Fall kein rein passiver Zuschauer sind sondern der Regisseur dieses Films. Dadurch steht Ihnen ein Maximum an Informationen zur Verfügung, denn Sie kennen bereits die Positionen sämtlicher beteiligter Personen, inklusive Ihrer eigenen, und können nun, unter Nutzung Ihrer inneren Wahrnehmungsfähigkeit, die Situation mit allen Sinnen von außen betrachten.

Auf diese Art können Sie, ganz wie ein echter Regisseur, Ihr eigenes Verhalten optimieren unter Berücksichtigung der Motivationen aller Beteiligten. Dadurch lassen sich auch für zukünftige, ähnlich gelagerte Konflikte, Verhaltensautomatismen entwickeln, auf die Sie bei Bedarf jederzeit zurückgreifen können.

Schlusswort

Ziel dieses Buches war es für mich, die wichtigsten Techniken aus dem NLP auszuwählen, die für Ihre Persönlichkeitsentwicklung dienlich sind, und diese so aufzuarbeiten, dass sie logisch aufeinander aufbauen und für jeden leicht zu verstehen und durchzuführen sind. Gleichzeitig war es mir sehr wichtig, Ihnen zu verdeutlichen, warum es so wichtig für ihre eigene Lebensqualität ist, an Dingen wie Ihrer Wahrnehmung, Ihren Bewertungen und Ihren Kommunikationsfähigkeiten zu arbeiten und damit herauszustellen, welchen Nutzen Sie dadurch für sich gewinnen können.

Wie weit mir dies gelungen ist, obliegt nun Ihrer subjektiven Bewertung, ich hoffe jedoch sehr, dass ich mit dieser Lektüre dazu beitragen konnte, Ihr Leben um ein kleines oder vielleicht sogar großes Stück neu gewonnener Lebensqualität zu bereichern.

Sollte dies der Fall sein, würde ich mich sehr darüber freuen, wenn Sie es mir danken, indem Sie die hier erlernten Techniken zu Ihrem eigenen höchsten Wohl und dem höchsten Wohl Ihrer Mitmenschen einsetzen und Ihr neu erworbenes Wissen mit so vielen Menschen teilen wie nur möglich.

In diesem Sinne wünsche ich Ihnen ein von nun an erfolgreicheres und erfüllteres Leben und gutes Gelingen beim Umsetzen Ihrer persönlichen Ziele!

Bonus

https://www.pfalz-nlp.de/wp-content/uploads/2019/05/Schaubild_Was-ist-NLP_Was-bedeutet-NLP.png

Verstärken Sie Ihre Wahrnehmung

Wir Menschen nehmen die Welt mit unseren 5 Sinnen wahr. Umso mehr Sie wahrnehmen, desto größer ist die Wahrscheinlichkeit, Ihr Gegenüber besser einschätzen zu können. Ein Problem, das wir Menschen haben ist, dass wir nicht alles auf einmal wahrnehmen können. Unsere Entscheidung darüber, was wir wahrnehmen und die damit verbundenen Bewertungen, lassen unsere Wirklichkeit von der Welt entstehen.

NLP-Übung

a) Durch die Welt gehen ohne Bewertung. Gehen Sie morgen früh mal mit allen Sinnen aus dem Haus. Achten Sie dabei nicht nur darauf, das evtl. vor Ihrem Haus eine Pflanze steht, sondern auf jede Kleinigkeit, die Farbe, die Formen usw. und vielleicht streicht gerade der Wind über die

Pflanze und sie hören genau hin, welche Töne sie wahrnehmen. Je mehr Sinne sie einbeziehen um so besser.

b) Wenn Sie sich heute mit Menschen unterhalten, achten Sie auf etwas anderes, auf das Sie sich sonst nicht konzentrieren.Vielleicht achten Sie auf die Beinstellung, den Abstand, ob die Knie leicht angewinkelt sind usw. Ob Sie die Ohren der Person sehen können? Achten Sie darauf, ob die Person einen Ring trägt.

c) Vielleicht haben Sie festgestellt, dass Sie durch die Welt gehen und sie mehr bewerten, also mehr interpretieren, als wahrzunehmen. Ich weiß, dass es nicht ganz einfach ist "nicht zu bewerten". Also nicht sagen: Die Person ist ärgerlich, sondern was ist im Gesicht des Gegenübers zu sehen. z. B. eine Hautfalte auf der Stirn von rechts oben nach links.

d) Wenn Sie das nächste Mal im Fernsehen eine Debatte sehen, machen Sie die Augen zu und hören nur auf die Stimmen der Sprecher. Welchen Tonfall, ob laut oder leise usw. Achten Sie nicht darauf, was gesprochen wird, sondern wie?

Wie repräsentieren Sie Ihre Welt in Ihnen selbst

Bei der letzten Übung haben Sie Ihre Wahrnehmung auf alles gerichtet, was um Sie herum ist. Heute geht es darum, wie Sie etwas Wahrgenommenes in Ihrer Innenwelt repräsentieren. Wie speichert Ihr Gehirn das Gesehene bei Ihnen ab. Jeder Mensch ist hier verschieden. Allerdings werden Sie von den innerlichen, oft nicht bewusst wahrgenommenen, z. B. Bildern gesteuert, über die auch Ihre Gefühle und Empfindungen produziert werden.

NLP-Übung

a) Es kann sein, dass die folgende Übung für manche Menschen eine kleine Herausforderung darstellt. Keine Sorge, mit etwas üben wird es ihnen immer leichter fallen. Egal, wo Sie jetzt sind, konzentrieren Sie sich auf ein Ding, was Sie gerade vor sich sehen. Dann schließen Sie die Augen und stellen Sie sich nun den Gegenstand vor Ihrem geistigen Auge vor. Wenn das nicht so ganz geklappt hat. Noch mal Augen auf. Auf den Gegenstand konzentrieren und Ihr inneres Bild noch genauer werden lassen. Ein Freund hat mir mal erzählt, dass er in den ersten 3 Wochen überhaupt nichts gesehen hätte außer "Schwarzer Bildschirm". Und sein Trick war dann, sich erst ein Streichholz anzuzünden (natürlich nur im Geiste), damit er überhaupt an seine Bilder im inneren kam.

b) Sicherlich haben Sie schon Ihre Stimme auf einem Video oder Tonband gehört. Wir können uns nicht selbst zuhören, wenn wir sprechen. Nehmen Sie ein Gespräch von sich selbst auf und nehmen wahr, was andere Menschen in Ihrer Nähe den ganzen Tag so hören. Lautstärke, Pausen, Tempo, Rhythmus und Tonfall

c) Wie riecht Ihre Lieblingsmarmelade? Wie riechen verschiedene Kräuter in Ihrem Garten? Können Sie diese Informationen nur in Ihrem Geiste abrufen.

d) Berühren Sie Ihren Partner oder einen Freund. Schließen Sie danach die Augen und versuchen die Empfindung noch einmal nachzuspüren.

e) Wie fühlt es sich an, wenn Sie jetzt einen Löffel voller versalzener Suppe, Götterspeise, Knäckebrot usw. zu essen. Spüren Sie jetzt dieses Gefühl? Natürlich nur in Ihnen.

NLP und Kongruenz

Kongruenz (von lat. *congruens* „übereinstimmend", „passend"), bedeutet allgemein Übereinstimmung. Im Bereich der Psychotherapie beschreibt Kongruenz die authentische Kommunikation eines Menschen. Die Übereinstimmung bezieht sich auf Worte, Betonung sowie die Körpersprache. Wenn jemand zu Ihnen sagen würde: "Mir geht es heute nicht so gut" und lacht dabei, dann würden die meisten Menschen auf die Körpersprache achten, als auf den Inhalt des Satzes.

NLP-Übung

a) Beim nächsten Gespräch achten Sie auf die Kongruenz (Übereinstimmung) von Worten und Tonfall. Meint Ihr Gegenüber das, was er sagt, oder haben Sie einen anderen Eindruck?

b) Wie sieht es mit Ihrer eigenen Kongruenz aus? Verstellen Sie sich, wenn sie mit jemandem sprechen? Vielleicht achten Sie einen Tag lang besonders darauf, dass Ihr Körper die Wirkung Ihrer Worte unterstreicht.

c) Probieren Sie doch einmal selbst aus, dass Sie etwas sagen und der Körper sagt etwas anderes. Oder Sie unterstreichen und verstärken mit Ihrer Körpersprache das, was Sie sagen.

Kalibrieren und der Unterschied zu Wahrnehmung und Interpretation

Kalibrieren (Abgleich, Abstimmung, Eichen) bezeichnet den „Prozess, mit dem man sich auf die nonverbalen Signale einstimmt, die beim Gegenüber einen bestimmten Zustand anzeigen. Kalibrieren ist die Wahrnehmung (subtiler) äußerer nonverbaler Signale, die mit inneren Zuständen und Gedanken eines anderen Menschen einhergehen. Wird später das äußere Muster wieder erkannt, lässt sich auf den inneren Zustand der Person schließen. Kalibrieren geht komplett VAKOG, wobei visuell und auditiv, die gängigen Sinneskanäle sind.

Durch Kalibrieren ist es möglich, die Reaktion des Anderen zu *lesen* und nicht zu halluzinieren oder sich durch die bewussten Worte täuschen zu lassen. Manche Menschen nehmen Situationen intuitiv war, wissen aber manchmal nicht, ob sie gerade sich oder den Anderen oder eine Mischung daraus wahrnehmen. Dieses Problem lässt sich durch kalibrieren deutlich verringern. Gute Coaches haben gelernt, konti–nuierlich die Reaktionen auf das, was sie tun, zu lesen und sich immer wieder neu zu kalibrieren.

NLP-Übung

Achten Sie z. B. bei Ihrem Partner auf die Körpersprache und versuchen Sie, den inneren Zustand (die Stimmung, wie z. B. Freude, Trauer, Begeisterung, Gereiztheit usw.) zu erkennen. Später können Sie Ihre Hypothesen überprüfen. Da jeder Mensch einzigartig und individuell ist und in unterschiedlichen Kontexten verschieden reagiert, ist es notwendig, sich immer wieder neu zu kalibrieren.

Unterscheide:

- **Wahrnehmung** - das reine zur Kenntnis nehmen des Verhaltens der anderen Person
- **Kalibrieren** - das individuelle verbinden von Verhaltens und Zustandes (höhere logische Ebenen) einer Person. Hierbei wird das Verhalten beobachtet, während die Person schildert, wie es Ihr geht (höhere logische Ebenen).

• **Interpretation** - schließen auf den Zustand einer Person aus dem Verhalten.

Kalibrieren aktiv lernen

Bei der letzten Übung hatten sie keine sofortige Feedbackschleife. Heute werden Sie Ihr Lerntempo erhöhen. Probieren Sie es mit vielen verschiedenen Personen aus. Sie werden feststellen, bei einigen geht es ganz leicht und bei anderen ist es viel schwieriger.

NLP-Übung

Bitten Sie einen Freund, Partner oder Kollegen zu einem kleinen Spiel. Sagen Sie ihm, er soll zunächst an eine Person denken, die er sehr gerne mag. Merken Sie sich nun seinen Gesichtsausdruck. Dann soll er an eine Person denken, die er nicht mag. Merken Sie sich wieder den Gesichtsausdruck. Dann stellen Sie ihm Fragen, wie z. B. Welche Person ist älter? Welche Person ist größer? Welche Person wohnt weiter weg? Usw. Bei der Beantwortung dieser Fragen soll Ihr Partner intensiv an die jeweilige Person denken. Beobachten Sie dabei seine Gesichtszüge sehr genau und erkennen so anhand dieser Beobachtung, an wen er gerade denkt. Überprüfen Sie anschließend Ihr Urteil. Wenn Sie diese Übungen mit mehreren Personen z. B. in einer Übungsgruppe durchführen, dann tauschen Sie nach ein paar Durchgängen aus, woran Ihr was erkannt habt. Viel Spaß dabei!

Pacing, damit Sie schnell mit Personen in Kontakt kommen

Pacing bedeutet, sich auf die Wellenlänge des anderen einzustellen, den anderen da "abholen" wo er ist. “Gleich und gleich gesellt sich gern” lautet eine Volksweisheit. Auf der unbewussten Ebene nehmen Sie wahrscheinlich über Ihre Spiegelneuronen den anderen wahr und dadurch entsteht ein Gefühl von Harmonie oder auf der "selben Wellenlänge" zu sein. Dieses Gefühl der unbewussten Verbundenheit nennen wir in der NLP-Fachsprache: Rapport. Sie kennen es sicherlich, als Sie verliebt waren. Da stimmte alles, Vertrauen, Interesse, Aufmerksamkeit, Beziehung, Zusammenhang und Verbindung.

NLP-Übung

a) Überlegen Sie, als Sie Menschen kennenlernten, was sind die Gemeinsamkeiten mit ihnen? Was haben Sie gemeinsam mit Ihrem Partner?

b) Beim nächsten Gespräch greifen Sie eine Aussage der Person auf und stimmen dem zu. So Pacen Sie die Meinung anderer.

c) Den Anderen nachmachen in seiner Körperhaltung. Wenn Ihr Gegenüber die Füße überschlägt, machen Sie das etwas Zeitverzögert nach. Sie werden quasi zum Spiegelbild des anderen.

Über Trauer hinwegkommen

Trauer ist ein natürlicher Prozess, wenn jemand stirbt. Wir alle trauern und das ist in einem gewissen Umfang angebracht. Es ist wichtig, dass sie in der frühen Phase durch die Trauer hindurch kommen. Es gibt aber Menschen, welche nach drei, vier, fünf, sogar nach 40 Jahren noch trauerten. Es kommt ein Punkt, an dem Trauer nicht mehr gesund ist. Sicherlich, wenn Sie mit jemanden lange Zeit verheiratet waren und der Partner scheidet dahin, werden Ihre Gedanken für immer da sein. Wenn Menschen ein Kind verlieren, wird es sie natürlich schmerzen und sie werden den Schmerz für lange Zeit haben. Ihre Gedanken an ihr Kind werden immer da sein, aber sie müssen nicht für immer Schmerzen bereiten.

Das Problem bei langem, sich hinziehenden Dahinscheiden - eigentlich bei jedem Tod - ist, dass Menschen sich, wenn sie sich an den Menschen erinnern, der gestorben ist, lebensgroße Bilder machen und diese Bilder sehen, als ob sie jetzt gerade entstünden. Es ist schwierig, durch den Schmerz des Todes hindurch zu kommen.

Wenn Menschen auf gute Erinnerungen schauen, werden sie sich selbst in den guten Erinnerungen sehen, aber sie werden an die Beerdigung denken. Sie werden sich an den Tod erinnern, als ob es jetzt geschähe. Mit anderen Worten, sie werden sich damit assoziieren, und das ist einfach verkehrt. Der Prozess, wie Menschen aus Trauer herauskommen, liegt darin, Bilder umzudrehen, indem sie aufhören, sich an die Tragödie des Todes zu erinnern, und beginnen, sich lebhaft an die guten Zeiten zu erinnern und sich mit den guten Erinnerungen zu assoziieren.

1. Denken Sie an all die Erinnerungen, die Sie an einen Menschen hatten, der verstorben ist.

2. Erinnern Sie sich an alle guten Erlebnisse, die Sie mit Ihm hatten, indem Sie in die Erinnerungen assoziiert hineingehen. Empfinden Sie, als ob sie jetzt passieren würden.

3. Erinnern Sie sich an all die schlechten Zeiten, indem Sie sich im Bild sehen. Sehen Sie sich in kleinen Bildern selbst durch die Erlebnisse gehen, als wenn Sie sich auf einem kleinen Schwarz- Weiß-Fernseher sehen würden.

4. Nehmen Sie nun Ihre Zeitlinie und stellen Sie sich eine Linie vor, die weit hinter Sie reicht. Sie repräsentiert bestimmte Zeitpunkte aus Ihrer Vergangenheit, die Sie vergessen haben und über die Sie nie nachdenken. Stellen Sie sich vor, all die schlechten Zeiten mit diesem Menschen zu nehmen und sie alle auf diese Linie weit hinter sich zu stellen.

5. Stellen Sie sich eine wundervolle Zukunft vor, wo Sie sein Andenken ehren, indem Sie so gut und so glücklich leben wie möglich.

Entdecken Sie, wie Sie es machen, sicher zu sein

1. Denken Sie an etwas, woran Sie fest glauben. (Dass die Sonne morgen aufgehen wird)

2. Nehmen Sie wahr, welche Bilder, Geräusche und Gefühle in Ihnen entstehen, wenn Sie über diesen Glaubenssatz und Ihre Sicherheit darüber nachdenken.

3. Gehen Sie jetzt die Liste der Submodalitäten durch und halten Sie alle Eigenschaften des Glaubenssatzes fest.

4. Denken Sie an etwas, das Sie bezweifeln oder dessen Sie sich nicht sicher sind.

5. Nehmen Sie wahr, welche Bilder, Geräusche und Gefühle entstehen, wenn Sie über diesen Gedanken und Ihr "darüber nicht sicher sein" nachdenken.

6. Gehen Sie die Submodalitäten-Liste durch und notieren alle Eigenschaften des Gedankens. Liste unten.

7. Notieren Sie insbesondere die Unterschiede zwischen dem starken Glaubenssatz und dem, dessen Sie sich nicht sicher sind.

Submodalitäten-Unterschiede:

Visuell:	**Gewissheit**	**Ungewissheit**
Bild oder Film		
Größe		

Form		
Farbe/schwarz/weiß		
fokussiert/defokussiert		
hell/dunkel		
Position im Raum		
Gerahmt/rahmenlos		
Nah/fern		
assoziiert/dissoziiert		

Auditiv:	**Gewissheit**	**Ungewissheit**
Lautstärke		
Tonhöhe		
Klangfarbe		
Tempo		
Tonalität		
Dauer		
Rhythmus		
Richtung der Stimme		

Alle Übungen und mehr zu finden in der Quelle: https://www.eagle-vision-communication.de/NLP-Uebungen-Ueberblick.htm von Erwin Hauser

Quellen

http://www.ciando.com/img/books/extract/3955715256_lp.pdf

https://www.eagle-vision-communication.de/NLP-Uebungen-Ueberblick.htm

https://www.eagle-vision-communication.de/NLP-Uebungen-9.htm

https://brainmanagement-akademie.com/wp-content/uploads/2020/02/NLP-VFB_Brainakademie.pdf

https://www.landsiedel-seminare.de/nlp-bibliothek/

https://www.landsiedel-seminare.de/nlp-bibliothek/practitioner/p-04-00-meta-modell.html

https://www.landsiedel-seminare.de/nlp-bibliothek/practitioner/p-05-00-reframing.html

https://www.froschkoenige.ch/media/pdf/Modelle/Refraiming_LR.PDF

https://www.zhi.at/news/die-40-wichtigsten-nlp-techniken

https://www.youtube.com/watch?v=URg5hAfjkjg

https://www.youtube.com/watch?v=GT5B2aEqLvQ

https://www.landsiedel-seminare.de/nlp-seiten/nlp-techniken.html#core-transformation

https://www.youtube.com/watch?v=kxZlFhxFfhg

https://www.landsiedel-seminare.de/nlp-bibliothek/practitioner/p-09-02-wahrnehmungspositionen-1-2-3.html

Wir danken Ihnen für Ihr Interesse und Ihr Vertrauen. Als Dankeschön dafür, haben wir eine besondere Überraschung. Sie interessieren sich für NLP, haben aber keine Lust, zahlreiche Bücher zu wälzen? Wir haben die wichtigsten **Grundregeln** für Sie auf einen Blick. Das Beste: Sie erhalten diese vollkommen kostenlos. Das klingt wunderbar? Dann warten Sie nicht lange und holen Sie sich Ihr Gratis-Geschenk.

Hier geht es zu Ihrem Gratis-Geschenk:

https://forms.gle/KEwnynC4CSBnAY557

1. **Öffnen Sie die Kamera-App auf Ihrem Smartphone und richten Sie die Kamera auf den QR-Code.**
2. **Klicken Sie auf den Link, der Ihnen angezeigt wird und schon werden Sie zur Website weitergeleitet.**

Impressum

Herausgeber: Orbita Media Verlag GmbH & Co. KG / Ericusspitze 4 / 20457 Hamburg
Kontakt: kontakt@empireofbooks.de
Website: https://empireofbooks.de
Coverbild: Shutterstock

Haftungsausschluss:
Die Nutzung dieses Buches und die Umsetzung der enthaltenen Informationen, Anleitungen und Strategien erfolgt auf eigenes Risiko. Der Autor kann für etwaige Schäden jeglicher Art aus keinem Rechtsgrund eine Haftung übernehmen. Haftungsansprüche gegen den Autor für Schäden materieller oder ideeller Art, die durch die Nutzung oder Nichtnutzung der Informationen bzw. durch die Nutzung fehlerhafter und/oder unvollständiger Informationen verursacht wurden, sind grundsätzlich ausgeschlossen. Rechts- und Schadenersatzansprüche sind daher ausgeschlossen. Dieses Werk wurde sorgfältig erarbeitet und niedergeschrieben. Der Autor übernimmt jedoch keinerlei Gewähr für die Aktualität, Vollständigkeit und Qualität der Informationen. Druckfehler und Falschinformationen können nicht vollständig ausgeschlossen werden. Es kann keine juristische Verantwortung sowie Haftung in irgendeiner Form für fehlerhafte Angaben vom Autor übernommen werden. Die bereitgestellten Analysen, Vorschläge, Ideen, Meinungen, Kommentare und Texte sind ausschließlich zur Information bestimmt und können ein individuelles Beratungsgespräch nicht ersetzen. Alle Informationen dieses Buches entsprechen dem Kenntnisstand zum Zeitpunkt des Verfassens dieses Buches. Eine Haftung für mittelbare und unmittelbare Folgen aus den Informationen dieses Buches ist somit ausgeschlossen.
Informieren Sie sich weitläufig aus unterschiedlichen Quellen und bedenken Sie, dass am Ende nur Sie für die Entscheidungen verantwortlich sind.

Haftung für externe Links:
Unser Angebot enthält Links zu externen Websites Dritter, auf deren Inhalte wir keinen Einfluss haben. Deshalb können wir für diese fremden Inhalte auch keine Gewähr übernehmen. Für die Inhalte der verlinkten Seiten ist stets der jeweilige Anbieter oder Betreiber der Seiten verantwortlich. Die verlinkten Seiten wurden zum Zeitpunkt der Verlinkung auf mögliche Rechtsverstöße überprüft. Rechtswidrige Inhalte waren zum Zeit-punkt der Verlinkung nicht erkennbar.